CB063028

OSHO

O EQUILÍBRIO
ENTRE CORPO E MENTE

OSHO

O EQUILÍBRIO
ENTRE CORPO E MENTE

Usando sua mente para curar seu corpo

Tradução de Henrique Monteiro

Companhia
Editora Nacional

Copyright © 2003 OSHO International Foundation, Switzerland. www.osho.com/copyrights
© 2020, Companhia Editora Nacional

Título original: *Body Mind Balancing: Using Your Mind to Heal Your Body*, by Osho

O material deste livro foi selecionado de diversas palestras que Osho fez pessoalmente ao público. Todos os discursos de Osho foram publicados na íntegra em livros, e também estão disponíveis em áudios originalmente gravados. Os arquivos completos dos áudios e dos textos podem ser acessados online na Biblioteca do OSHO em www.osho.com. A Terapia Meditativa OSHO foi desenvolvida por Osho.

OSHO é uma marca registrada de Osho International Foundation.
www.osho.com/trademarks

Nova edição

© 2020, Companhia Editora Nacional
Todos os direitos reservados.
1ª edição – São Paulo – 2020

Todos os direitos reservados. Nenhuma parte desta obra pode ser reproduzida ou transmitida por qualquer forma ou meio eletrônico, inclusive fotocópia, gravação ou sistema de armazenagem e recuperação de informação.

Diretor-presidente: Jorge Yunes
Diretora editorial: Soraia Reis
Editor: Ricardo Lelis
Assistência editorial: Chiara Mikalauskas Provenza e Júlia Tourinho
Revisão: Júlia Thomas
Coordenação de arte: Juliana Ida
Assistência de arte: Isadora Theodoro Rodrigues e Vitor Castrillo
Tradução: Henrique Monteiro
Projeto gráfico de capa e miolo: Marcela Badolatto

CIP-BRASIL. CATALOGAÇÃO NA PUBLICAÇÃO
SINDICATO NACIONAL DOS EDITORES DE LIVROS, RJ

O91L
    Osho, 1931-1990
       O equilíbrio entre corpo e mente : usando sua mente para curar seu corpo/ Osho; tradução Henrique Monteiro. - 1. ed. - Barueri [SP]: Companhia Editora Nacional, 2020.
    168 p.; 23 cm.

    Tradução de: Body mind balancing: using your mind to heal your body
    ISBN 978-85-04-02082-3

    1. Meditação. 2. Controle da mente. 3. Corpo e mente (Terapia). 4. Vida espiritual. I. Monteiro, Henrique. II. Título.
20-62270   CDD: 204.3
                                                                                                  CDU: 24-583

Leandra Felix da Cruz Candido - Bibliotecária - CRB-7/6135
09/01/2020 09/01/2020

Rua Gomes de Carvalho, 1306, 11º andar – Vila Olímpia
São Paulo – SP – 04547-005 – Brasil – Tel.: (11) 2799-7799
www.editoranacional.com.br – marketing.nacional@ibep-nacional.com.br

Áudio com a meditação guiada no *hotsite*

Acesse no QR code abaixo

Lembrando-se da Linguagem Esquecida para Falar com Seu Corpo e Sua Mente

O entendimento por trás deste processo único de meditação orientada é que as pessoas são capazes de reaprender a ser mais amigas de seus corpos. Muitos de nossos desconfortos e tensões surgem do fato de vivermos alienados do nosso corpo, de algum modo permanecendo desligados ou mesmo hostis em relação a ele.

Com o auxílio deste livro e do processo de meditação orientada, você pode aprender a falar com seu corpo e informá-lo do seu desejo de se aproximar e se conciliar com ele. Em pouco tempo, você entenderá o quanto seu corpo colabora e o apoia em tudo, e de acordo com essa nova perspectiva descobrirá novas maneiras de usar o corpo e chegar a um equilíbrio mais harmonioso entre o corpo e a mente.

DESTAQUES

◆ Um método simples de relaxamento e meditação orientada, porém eficaz, capaz de aliviar os sintomas de desconforto e dor física relacionados ao estresse, como dor de cabeça, insônia, problemas digestivos, dores no pescoço e nos ombros etc.

◆ Um sistema para aprofundar e harmonizar a conexão corpo-mente, que resulta em uma melhora geral no bem-estar.

♦ O equilíbrio entre corpo e mente ♦

♦ Um processo que favorece a conciliação com o corpo e o aumento da sensibilidade em relação às necessidades dele, que por sua vez pode complementar outros programas relacionados à saúde, como a escolha de dietas e a prática de exercícios.

As técnicas aqui empregadas têm origem nos antigos ensinamentos provenientes da China e do Tibete, onde durante séculos as escolas de mistérios ensinaram em segredo aos seus iniciados sobre o uso do poder da mente para curar e influenciar as mais variadas funções fisiológicas. Atualmente essas antigas técnicas foram revitalizadas e atualizadas para o século XXI sob a orientação de Osho.

Neste livro você encontra o endereço do *hotsite* onde está - *Lembrando-se da Linguagem Esquecida para Falar com Seu Corpo e Sua Mente* (você pode utilizar o QR Code nas páginas finais deste volume para acessá-lo). O *hotsite* contém um processo meditativo que orienta o usuário a conseguir a ajuda de seu corpo e de sua mente com a finalidade de aliviar as dores, as tensões e outros desconfortos decorrentes do estresse comum à vida moderna. Ao contrário de muitos outros métodos, este não depende da auto-hipnose ou de afirmações, em vez disso, simplesmente orienta o usuário a adotar uma atitude amorosa e de gratidão em relação ao seu corpo, assim como a recuperar a harmonia entre o corpo e a mente naturalmente preexistente em todos desde o nascimento.

O livro contém instruções detalhadas sobre o processo de meditação orientada e diversos exemplos de como pode ser utilizado. Essas instruções orientam sobre o uso do método para aliviar dores de todos os tipos, melhorar a qualidade do sono e eliminar hábitos ou padrões alimentares prejudiciais.

Além disso, o livro ainda inclui diversos textos que servem de apoio às técnicas explicadas em áudio, tanto para inspirar uma atitude conciliatória em relação ao corpo como para melhorar a compreensão sobre as diversas maneiras como o corpo e a mente influenciam-se mutuamente.

O EQUILÍBRIO ENTRE CORPO E MENTE

OSHO

O corpo é a alma visível e a alma é o corpo invisível. O corpo e a alma não são divisíveis em hipótese alguma, são partes um do outro, são partes de um todo. Você deve aceitar o corpo, você deve amar o corpo, você deve respeitar o corpo, você deve ser grato ao corpo... O corpo é o mecanismo mais complexo que existe — é simplesmente maravilhoso!

E abençoados são aqueles que se maravilham.

Cultive um profundo sentimento de admiração pelo seu corpo, porque ele é o ponto máximo de sua aproximação com a existência. Será através do seu corpo que a natureza se aproximará ao máximo de você, que a existência chegará ao máximo até você.

Em seu corpo agita-se a água dos oceanos, em seu corpo fulgura o brilho das estrelas e dos sóis, em seu corpo sopra o ar, seu corpo é feito de terra.

NOTA AO LEITOR

As recomendações e ensinamentos transmitidos neste livro não têm como intenção substituir os serviços de seu médico, psicoterapeuta ou psiquiatra. O livro tampouco foi pensado para ser uma alternativa a qualquer tratamento médico profissional.

Este livro não oferece diagnóstico médico ou tratamento para quaisquer problemas específicos, sejam eles médicos ou psicológicos, que você possa ter. Algumas das meditações incluem atividade física vigorosa. Portanto, se você tiver qualquer motivo para estar preocupado com os efeitos dessa atividade na sua saúde, consulte seu médico antes de desenvolver essas meditações.

SUMÁRIO

Prefácio   13

1. A INTELIGÊNCIA DO CORPO   17
   A sabedoria do corpo   19
   Fale com o corpo   19
   Ouça o corpo   20
   O corpo é um milagre   22
   O corpo encerra todos os mistérios   23
   Conexões entre o corpo e a mente   24
   Seu corpo e sua mente não são duas coisas   25
   Tratando o ser humano como um todo   27

2. DECODIFICANDO OS CONDICIONAMENTOS
   NEGATIVOS DA VIDA   29
   Por que escolhemos ser infelizes   29
   Duas maneiras de viver   34
   O corpo é seu amigo   38
   O fantasma do "dever"   41
   Desapegue-se da infelicidade   47
   Conscientize-se da felicidade   51

3. CONDIÇÕES BÁSICAS PARA O BEM-ESTAR   53
   Faça contato com o corpo   53
   Seja fiel a si mesmo   58
   Relaxe na vida, seja como for   61
   Admita a sabedoria do corpo   63
   Uma sinfonia de alegria   64
   Ria e seja um todo   66

4. SINTOMAS E SOLUÇÕES — 75
   Questões importantes — 76
   1. Tensão no abdome — 76
   2. Sentir-se desligado do corpo — 77
   3. Dor nos ombros e no pescoço — 78
   4. Doença relacionada ao estresse — 81
   5. Sentir o corpo por dentro — 84
   6. Insônia — 86
   7. Tensão e relaxamento — 88
   8. Sentimentos negativos sobre o corpo — 92
   9. Bonita e feia — 93
   10. Beleza falsa e verdadeira — 95
   11. Envelhecimento — 95
   12. Frigidez — 96
   13. Impotência — 99
   14. Sensação de retraimento — 101
   15. Hipocondria — 103
   16. Estimular dos sentidos — 106
   17. Sensibilidade — 107
   18. Comida demais, sexo de menos — 109
   19. Desintoxicação pelo jejum — 111
   20. Jejuar e fartar-se — 114

5. O PODER DE CURA DA MEDITAÇÃO — 122
   Técnicas das meditações ativas de Osho — 122
   O estado de abandono — 127
   Meditação no dia a dia — 136
   Relaxado e à vontade — 138

6. A PORTA PARA A CONSCIÊNCIA — 141
   Centro e circunferência — 141
   A harmonia entre corpo, mente e alma — 148
   Você não é o corpo — 153
   De buscador de objetivos a celebrador — 155
   Lembre-se do hóspede — 158

7. LEMBRANDO-SE DA LINGUAGEM ESQUECIDA PARA FALAR COM SEU CORPO E SUA MENTE — UMA TERAPIA MEDITATIVA DE OSHO   160
   As pessoas precisam aprender a se reconciliar com o próprio corpo   160
   Como utilizar a meditação do *hotsite*   161
   Preparando-se para a Meditação   164

O LIVRO COMPLETO DA MEDITAÇÃO — OSHO   165
SOBRE OSHO   167

PREFÁCIO

O corpo é a alma visível e a alma é o corpo invisível. O corpo e a alma não são divisíveis em hipótese alguma, são partes um do outro, são partes de um todo. Você deve aceitar o corpo, você deve amar o corpo, você deve respeitar o corpo, você deve ser grato ao corpo... O corpo é o mecanismo mais complexo que existe — é simplesmente maravilhoso!

E abençoados são aqueles que se maravilham.

Cultive um profundo sentimento de admiração pelo seu corpo, porque ele é o ponto máximo de sua aproximação com a existência. Será através do seu corpo que a natureza se aproximará ao máximo de você, que a existência chegará ao máximo até você.

Em seu corpo agita-se a água dos oceanos, em seu corpo fulgura o brilho das estrelas e dos sóis, em seu corpo sopra o ar, seu corpo é feito de terra.

Seu corpo representa toda a existência, todos os elementos. Que transformação! Que metamorfose! Olhe para a terra e depois olhe para o seu corpo: que transformação! E você nunca se maravilhou com isso! O pó tornou-se divino — que maior mistério é possível? Que maiores milagres você está esperando? Você vê o milagre acontecer todos os dias. Da lama nasce o lótus... e do pó decorre o nosso belo corpo.

◆

O mundo necessita de um tipo totalmente novo de educação, em que fundamentalmente todos adquiram a consciência dos silêncios do coração ou, em outras palavras, da meditação, em que todos aprendam a ter consideração pelo próprio corpo. Porque a menos que você tenha consideração pelo seu corpo, nunca poderá ter consideração pelo corpo de ninguém. O corpo é um organismo vivo e não pode lhe causar mal algum, sempre esteve a seu serviço desde que você foi concebido e assim será até a sua morte. O corpo fará tudo o que você quiser, até mesmo o impossível, e nunca o desobedecerá.

É inconcebível a criação de um mecanismo tão obediente e tão sábio. Se você chegar a conhecer todas as funções do seu corpo ficará surpreso, porque nunca se deu conta de quanta coisa o seu corpo é capaz de fazer. É praticamente um milagre, um mistério, mas você nunca reparou. Sem jamais ter-se preocupado em conhecer o próprio corpo, você acredita amar outras pessoas? Isso não é possível, porque as outras pessoas também lhe aparecem como corpos.

O corpo é o maior mistério em toda a existência. Esse mistério precisa ser amado. Esse mistério e seu funcionamento precisam ser profundamente investigados.

As religiões, infelizmente, sempre foram totalmente contrárias ao corpo. No entanto, isso dá uma pista, uma indicação definitiva de que se uma pessoa aprender sobre a sabedoria e o mistério do corpo, nunca mais se preocupará com sacerdotes ou com Deus. Porque terá encontrado o maior de todos os mistérios dentro de si mesma, e contido nesse mistério estará o próprio santuário da sua consciência.

Depois que descobrir sobre a consciência de si mesmo, sobre o seu ser, não haverá mais um Deus acima de você. Só assim uma pessoa poderá ser respeitosa com os outros seres humanos, com os outros seres vivos, porque entenderá que todos são tão misteriosos quanto ela própria, que são diferentes expressões, outras variedades, e que tornam a vida mais abundante. Depois de ter encontrado a consciência interior, essa pessoa terá encontrado o segredo para o princípio fundamental.

Qualquer tipo de educação que não ensine você a amar o próprio corpo, que não ensine a ter consideração pelo corpo, que não ensine a ter acesso aos seus mistérios, não poderá ensinar a ter acesso à sua própria consciência. O corpo é a porta de entrada, é o caminho das pedras, e qualquer tipo de educação que não trate do assunto do corpo e da consciência não é apenas absolutamente incompleto, é totalmente prejudicial, pois sempre será destrutivo. Só o desabrochar da consciência em seu interior o impede de ser destrutivo. Essa consciência lhe dá um tremendo desejo de criar — criar mais beleza no mundo, criar mais bem-estar.

O ser humano precisa de um corpo melhor, um corpo mais saudável. O ser humano precisa ser uma pessoa mais consciente e alerta.

◆ Prefácio ◆

O ser humano precisa de todos os tipos de conforto e de luxo que a existência possa lhe oferecer. A existência é capaz de lhe proporcionar o paraíso aqui e agora, mas você insiste em adiá-lo — é sempre algo para depois da morte.

No Sri Lanka, um místico de renome estava às portas da morte... Ele era adorado por milhares de pessoas e elas se reuniram à sua volta. Ele abriu os olhos: só mais algumas respirações lhe restavam nesta vida e então partiria, desapareceria para sempre. Todos estavam ansiosos para ouvir as suas últimas palavras.

O ancião disse:

— Durante toda a minha vida lhes ensinei sobre a felicidade, sobre o êxtase e sobre a importância da meditação. Agora vou para o outro lado. Não estarei mais ao seu alcance. Vocês ouviram as minhas palavras, mas nunca praticaram o que falei. Sempre deixaram para depois. Agora, não adianta mais adiar, estou partindo. Alguém está pronto para me acompanhar?

Fez-se um grande silêncio. As pessoas olharam umas para as outras pensando: "Quem sabe este homem que foi seu discípulo por quarenta anos... talvez *ele* esteja pronto". Mas aquele homem também olhava para os demais — ninguém se prontificava. No entanto, de um canto no fundo do aposento, um homem levantou a mão. O místico pensou: "Pelo menos uma pessoa é suficientemente corajosa".

Mas aquele homem disse:

— Por favor, permita-me esclarecer por que não me ofereço, apenas levantei a mão para fazer uma indagação. Quero saber como chegar ao outro lado, porque hoje é claro que não estou pronto. Ainda tenho muitas coisas para terminar: chegou um convidado lá em casa, meu filho vai se casar e justo hoje não posso partir. O senhor diz que do outro lado não poderá voltar, mas algum dia, um dia com certeza, irei até lá para encontrá-lo. Será que não poderia nos explicar mais uma vez... apesar de ter explicado durante toda a sua vida, só mais uma vez... como chegar ao outro lado? Mas lembrando que ainda não estou pronto para ir neste momento. Só quero refrescar a memória para quando chegar o momento certo...

Esse momento certo não existe.

Esta não é só a história desse pobre homem, é a história de milhões de pessoas, de praticamente todas as pessoas. Elas estão esperando pelo momento certo, a constelação certa de estrelas... Elas consultam a astrologia, vão à quiromante para que leia suas mãos, indagam de maneiras diferentes sobre o que vai acontecer amanhã.

O amanhã não acontece — nunca aconteceu. Isso nada mais é do que uma estúpida estratégia de adiamento. O que acontece é sempre hoje.

O tipo certo de educação deve ensinar às pessoas a viver aqui e agora, a criar o paraíso aqui nesta terra. Não espere pela chegada da morte e não fique sofrendo até que a morte interrompa o seu sofrimento. Que a morte encontre você dançando, alegre e cheio de amor para dar.

É uma experiência surpreendente. Se uma pessoa for capaz de viver sua vida como se já estivesse no paraíso, a morte não poderá tirar nada da experiência dessa pessoa. Meu propósito é ensinar-lhe que aqui é o paraíso, que não existe paraíso em nenhum outro lugar, e que não é necessária nenhuma preparação para ser feliz. Não é necessária nenhuma disciplina para amar; apenas um pouco mais de atenção, apenas um pouco mais de vigilância, apenas um pouco de compreensão. E se a educação não for capaz de lhe dar esse pouco de compreensão, então, não é educação.

1

A inteligência do corpo

A ciência médica ocidental considera o ser humano como uma entidade isolada — fora da natureza. Esse é um dos maiores erros já cometidos. O ser humano faz parte da natureza; sua saúde nada mais é do que estar à vontade na natureza.

A medicina ocidental tem uma visão mecânica do ser humano, portanto sempre que a mecânica possa ser resolvida, estará resolvida. Mas o ser humano não é uma máquina; é uma unidade orgânica e não pode ser tratada apenas a parte doente. A parte doente é somente o sintoma de que o organismo como um todo está passando por dificuldades. A parte doente apenas se mostra assim porque é a mais fraca.

Você trata a parte doente, pensa que resolveu... mas a doença volta a aparecer em outro lugar. Você impediu que a doença se expressasse através da parte doente, porém a tornou mais forte. Você não entende que o ser humano é um todo: ou está doente ou está saudável, não existe um meio-termo entre os dois. Ele deve ser considerado como um organismo integral.

◆

É simplesmente fundamental entender que o corpo está sempre pronto para ouvi-lo — você nunca falou com ele, nunca tentou se comunicar com ele. Você sempre esteve dentro dele, usa dele à vontade, mas nunca parou para agradecer. Ele o serve, e faz isso da maneira mais inteligente possível.

A natureza sabe que ele é mais inteligente do que você, porque todas as coisas importantes do corpo não foram deixadas sob sua responsabilidade, mas foram deixadas aos cuidados do corpo. Por exemplo, a respiração, os batimentos cardíacos, a circulação de sangue, a digestão dos alimentos... eles não foram deixados sob sua responsabilidade; caso contrário, você estaria perdido há muito tempo.

Se a respiração fosse deixada sob sua responsabilidade, você já teria morrido. Sua vida não teria a menor chance, pois a todo momento poderia se esquecer de respirar. Lutando com alguém, poderia se esquecer da respiração. Dormindo durante a noite, poderia se esquecer de seus batimentos cardíacos. Como se lembraria? Você sabe todo o esforço que o seu sistema digestivo faz? Vai engolindo as coisas e acha que está se dando muito bem. Qualquer um é capaz de engolir.

Na Segunda Guerra Mundial, aconteceu de um homem ser baleado no pescoço. Não morreu, mas não podia ingerir alimentos ou bebidas através da garganta, a passagem precisou ser bloqueada. Os médicos, então, criaram uma entrada ao lado do estômago, onde colocaram um tubo, e tudo o que ele precisasse ingerir entrava através daquele tubo, mas isso não tinha a menor graça. Mesmo quando tomava um sorvete... ficava muito irritado. Ele dizia:

— Ora essa... não sinto o gosto de nada.

Então, um médico sugeriu:

— Você pode fazer o seguinte. Primeiro prova o sabor, depois coloca no tubo.

Foi assim que ele fez durante quarenta anos. Primeiro mastigava e saboreava, e depois colocava no tubo. O tubo dava conta do recado, porque no corpo também existe somente um tubo e nada mais, apenas está escondido por debaixo da pele. A diferença é que o tubo daquele pobre homem estava exposto. E era melhor do que o seu, porque entre outras coisas, podia ser limpo.

O nosso sistema digestivo é capaz de fazer milagres. Os cientistas dizem que se tivéssemos de fazer tudo o que um sistema digestivo é capaz de fazer, apenas de um único ser humano, precisaríamos de uma verdadeira fábrica para transformar o alimento em sangue, para separar todos os componentes e enviar os componentes necessários a seus respectivos lugares. Certos componentes são necessários ao cérebro e precisam ser enviados até lá através da corrente sanguínea. Alguns são necessários a outros órgãos do corpo, como os olhos. Outros são necessários a órgãos como os ouvidos, os ossos ou a pele, e o corpo faz esse trabalho perfeitamente, ao longo de setenta, oitenta, noventa anos, ou até mais — e você não se dá conta de sua sabedoria.

A SABEDORIA DO CORPO

Você já deve ter ouvido falar dos alquimistas, que tentavam transformar metais básicos em ouro; seu corpo faz muito melhor — transforma todo tipo de porcaria que você insiste em jogar para dentro de si em sangue, em osso. Não só em sangue e em ossos: ele faz de toda essa porcaria, o seu cérebro. Do seu sorvete, da sua Coca-Cola, ele faz o seu cérebro, um cérebro que pode produzir um Rutherford, um Albert Einstein, um Buda, um Zaratustra, um Lao-tsé. Veja bem que milagre!

O cérebro, um órgão tão frágil, encerrado dentro de um crânio... Um único cérebro pode conter todas as bibliotecas do mundo. Sua capacidade é quase infinita. O cérebro é o maior sistema de memória. Se você quiser fazer um computador com a mesma capacidade, precisará de quilômetros de espaço para fazê-lo funcionar. Está embutido no seu modesto crânio, no entanto, embora a ciência tenha se desenvolvido ao ponto em que chegou até o momento, ainda não conseguiu transformar sorvete em sangue. Bem que os cientistas tentaram, mas não conseguiram descobrir como. O que fazer? Como transformar sorvete em sangue? Está praticamente fora do alcance produzir algo como o cérebro faz a partir do sorvete! Talvez isso nunca aconteça. Ou, mesmo que isso aconteça, será por meio do cérebro; será mais uma vez, um milagre do cérebro.

FALE COM O CORPO

Depois que você começa a se comunicar com seu corpo as coisas se tornam muito fáceis. O corpo não precisa ser forçado, ele pode ser persuadido. Não é preciso lutar contra o corpo — além de inconveniente, isso é violento e agressivo. Qualquer tipo de conflito cria cada vez mais tensão. Você não precisa viver em conflito — faça com que ficar à vontade seja a regra. O corpo é um presente tão lindo de Deus que lutar contra ele é negar o próprio Deus. O corpo é um santuário... estamos consagrados nele; o corpo é um templo. Nós existimos nele e devemos cuidar dele — ele é nossa responsabilidade.

No começo, durante os primeiros sete dias... isso vai parecer um pouco absurdo, porque nunca nos ensinaram a falar com o nosso próprio corpo, mas isso pode fazer acontecer verdadeiros milagres. Eles já estão acontecendo sem que nos demos conta. Quando estou falando alguma coisa para você, minha mão acompanha com um gesto. Estou falando com você — é a minha mente que está se comunicando. Meu corpo a está acompanhando. O corpo está em harmonia com a mente.

Quando você quer levantar a mão, não precisa fazer nada — simplesmente levanta. Basta ter a simples ideia de que deseja levantar a mão e o corpo acompanha; é um milagre. Realmente, a biologia ou a fisiologia ainda não conseguiram explicar como isso acontece. Porque uma ideia é uma ideia; querer levantar a mão — é uma ideia. Como essa ideia se transforma em uma mensagem física para a mão? E isso não demora nada — em uma fração de segundo; às vezes, sem intervalo de tempo.

Por exemplo, estou falando com você e minha mão colabora acompanhando; não existe um intervalo de tempo. É como se o corpo funcionasse em paralelo com a mente. O corpo é muito sensível — assim que aprendemos a falar com ele, podemos fazer muitas coisas.

OUÇA O CORPO

Siga o seu corpo. Nunca, de modo algum, tente dominá-lo. O corpo é o seu alicerce, a sua base. Depois que começa a entendê-lo, 99% de seus sofrimentos simplesmente desaparecerão. Mas você não escuta.

O corpo diz: "Pare! Não coma!". Você continua comendo, só ouve a mente. A mente diz: "É muito gostoso, delicioso. Um pouco mais". Você não escuta o corpo. O corpo está com náuseas, o estômago está dizendo: "Pare! Já chega! Estou cansado!", mas a mente diz: "Sinta esse sabor... um pouco mais", você insiste em ouvir a mente. Se ouvir o corpo, 99% dos seus problemas simplesmente desaparecerão, e o 1% restante, será apenas de acidentes, não realmente de problemas.

♦ A inteligência do corpo ♦

No entanto, desde a infância nos distraíram do corpo, nos afastaram do corpo. A criança chora, está com fome, e a mãe olha para o relógio, porque o médico disse que a criança só deve receber o leite depois de três horas. Ela não olha para a criança, que é o verdadeiro instrumento que deveria consultar, mas continua olhando para o relógio. A mãe ouve o médico enquanto a criança está chorando, pedindo comida. Ela precisa de comida agora. Se a criança não receber comida neste momento sua atenção será distraída do corpo. Em vez de lhe dar comida, você lhe dá uma chupeta. Você está traindo e está enganando. Você está dando algo falso, de plástico, e está tentando distrair e reprimir a sensibilidade do corpo. A sabedoria do corpo não tem permissão para se manifestar, está substituída pela mente. A criança é pacificada pela chupeta, ela adormece. Agora o relógio diz que se passaram três horas e você deve dar o leite. A criança está adormecida, seu corpo está adormecido; você a acorda, porque o médico diz que é hora de dar o leite. Você novamente prejudica o seu ritmo. Lentamente, lentamente você perturba todo o seu ser. Assim, chega um momento em que se perde todo o contato com o corpo. Você não sabe o que seu corpo quer — se o corpo quer comer ou não, você não sabe; se o corpo quer fazer sexo ou não, você não sabe. Tudo é manipulado por algo que está do lado de fora. Você olha para uma revista *Playboy* e sente vontade de fazer sexo. Agora isso é estúpido, isso é coisa da mente. O sexo não pode ser muito bom; é apenas como um espirro, nada mais, uma carência. Não é sexo.

Como o sexo pode acontecer através da mente? A mente não conhece o sexo. O sexo se torna um dever. Você tem uma esposa, você tem um marido, você deve fazer sexo — torna-se um dever. Rigorosamente, religiosamente, todas as noites, você faz sexo. A espontaneidade desaparece. Você fica preocupado porque começa a achar que não está se sentindo satisfeito. Começa a procurar outra mulher. Você começa a pensar logicamente: "Talvez esta mulher não seja a mulher certa para mim. Talvez não seja a minha alma gêmea. Talvez não tenha sido feita para mim. Eu não fui feito para ela, porque ela não me excita".

A mulher não é o problema, o homem não é o problema: você é que não está no seu corpo, ela é que não está no corpo dela. Se as pessoas estivessem em seu corpo, ninguém deixaria de sentir aquela coisa linda chamada orgasmo. Se as pessoas estivessem em seu corpo, elas reconheceriam os primeiros vislumbres de Deus através de suas experiências orgásticas.

Ouça o seu corpo, siga o seu corpo. A mente é tola, o corpo é sábio. E se você conseguir entrar nas profundezas do seu corpo, então, nessas profundezas, encontrará a sua alma. A alma está escondida nas profundezas do corpo.

O CORPO É UM MILAGRE

O corpo é tremendamente bonito, tremendamente complexo. Não existe outra coisa tão complexa, tão sutil quanto o corpo. Você não sabe nada sobre isso. Apenas olha para ele diante do espelho. Nunca olhou para ele desde seu interior; caso contrário, perceberia que ele é um universo em si mesmo. Isso é o que os místicos sempre disseram: que o corpo é um universo em miniatura. Se você o observar desde seu interior, perceberá o quanto ele é imenso — milhões e milhões de células, e cada uma delas viva, com sua própria vida, e cada célula funciona de maneira tão inteligente que faz parecer quase incrível, impossível, inacreditável.

Você ingere alimentos e o corpo os transforma em sangue, ossos e medula. Você ingere alimentos e o corpo os transforma em consciência e pensamento. Um milagre acontece a todo momento. Cada célula funciona tão sistematicamente, de maneira tão ordenada, com uma tal disciplina interna, que isso quase parece não ser possível — milhões de células. Setenta milhões de células vivendo em seu corpo — setenta milhões de almas. Cada célula tem sua própria alma. E como funcionam! Funcionam com profunda coerência, ritmo e harmonia. As mesmas células tornam-se os seus olhos, as mesmas células tornam-se a sua pele, as mesmas células tornam-se o seu fígado, o seu coração, a sua medula, a sua mente e o seu cérebro. As mesmas células se especializam — então se tornam células especializadas — mas são as mesmas células. E como se movimentam, e quão sutil e silenciosamente elas trabalham.

Penetre no seu corpo, aprofunde-se em seu mistério. Porque é nele que você está enraizado. O corpo é a sua terra; você está enraizado nele. Sua consciência é como uma árvore no corpo. Seus pensamentos são como frutas. Suas meditações são como flores. Você está enraizado no corpo; ele o apoia. O corpo apoia tudo o que você está fazendo. Você ama; o corpo apoia. Você odeia; o corpo apoia. Você quer matar alguém; o corpo apoia. Você quer proteger alguém; o corpo apoia. Solidário, apaixonado, com raiva, com ódio — de todas as maneiras o corpo o apoia. Você está enraizado no corpo; você é sustentado pelo corpo. Mesmo quando você começa a perceber quem é, o corpo o apoia.

O corpo é seu amigo, não seu inimigo. Ouça a sua linguagem, decodifique a sua linguagem, e de vez em quando, ao começar a ler o livro sobre o corpo e virar as suas páginas, você se tornará consciente de todo o mistério da vida. Unitariamente, ele está no seu corpo. Ampliado um milhão de vezes, está em todo o mundo. Mesmo que condensado em uma fórmula singela, o mistério está presente em seu corpo.

O CORPO ENCERRA TODOS OS MISTÉRIOS

O corpo encerra todos os mistérios, todos os mistérios que o universo inteiro contém; é um universo em miniatura. A diferença entre o corpo e o universo é apenas de quantidade. Assim como um único átomo encerra todos os segredos da matéria, o corpo encerra todos os segredos do universo. Não é preciso procurar segredos fora dele, basta entrar dentro dele.

O corpo deve ser cuidado. Não se deve contrariá-lo, não se deve condená-lo. Se você o condenar, terá condenado Deus, porque no mais profundo recesso do corpo habita um deus. Deus escolheu essa casa, o corpo, para nela viver. Respeite seu corpo, ame seu corpo, preocupe-se com seu corpo.

As chamadas religiões criaram muito antagonismo entre o ser humano e seu corpo. É verdade que você não é o corpo, porém não significa que deva estar contra ele; o corpo é um amigo. Ele pode levá-lo ao inferno, ou pode levá-lo ao céu também. É simplesmente um veículo. É neutro: onde quer que você vá, ele está pronto. Ele é um mecanismo de imensa complexidade, beleza e ordem. Quanto mais você entende o seu corpo mais se sente admirado. Então, o que dizer sobre este universo? — mesmo este pequeno corpo encerra um milagre muito grande. Portanto, eu chamo o corpo de templo do divino.

♦ O equilíbrio entre corpo e mente ♦

Quando sua atitude em relação ao corpo muda, fica mais fácil entrar dentro dele, porque o corpo se abre para você. Ele permite a sua entrada e começa a lhe revelar seus segredos. Foi assim que todos os segredos da ioga foram conhecidos no começo. Foi assim que todos os segredos do Tao foram conhecidos inicialmente. A ioga não surgiu de cadáveres dissecados. A ciência médica moderna baseia-se em corpos mortos e sua dissecação. Tem algo basicamente errado nisso. Ela ainda não conseguiu conhecer o corpo vivo. Dissecar um cadáver e saber algo sobre isso é uma coisa, enquanto saber algo sobre um corpo vivo é totalmente diferente. A ciência moderna não tem como saber sobre o corpo vivo. A única maneira que ela encontra para conhecer o corpo é cortá-lo, mas no momento em que você o cortou ele se transforma, não é mais o mesmo fenômeno. Entender uma flor no caule, na árvore, é uma coisa; cortá-la, dissecá-la, é totalmente outra. Não é mais o mesmo fenômeno. Sua qualidade é diferente.

Albert Einstein tem algumas qualidades que o cadáver não terá, não pode ter. Um poeta morre — o corpo está lá, mas onde está sua poesia? Um gênio morre — o corpo está lá, mas onde está seu gênio? O corpo do idiota e o corpo do gênio são a mesma coisa. Você não será capaz de saber dissecando o corpo, seja ele pertencente a um gênio, seja pertencente a um idiota, pertencente a um místico ou pertencente a alguém que nunca teve consciência de nenhum mistério na vida. Será impossível porque você estará simplesmente olhando para a casa, mas o ser que lá morou não estará mais presente. Você estará simplesmente estudando a gaiola enquanto o pássaro já desapareceu; e estudar a gaiola não é estudar o pássaro. Ainda assim, o corpo contém o divino em si.

O verdadeiro caminho é penetrar dentro de si mesmo e observar o seu próprio corpo a partir daí, do interior do seu ser. É uma alegria tremenda... simplesmente ver seu funcionamento, seu modo de ser. Esse é o maior milagre que aconteceu no universo.

CONEXÕES ENTRE O CORPO E A MENTE

A maioria dos problemas é de origem psicossomática, porque o corpo e a mente não são duas coisas. A mente é a parte interna do corpo e o corpo é a parte externa da mente, dessa forma, qualquer coisa pode começar no corpo entrar na mente ou vice-versa: pode começar na mente e entrar no corpo. Não há divisão, não há compartimento estanque.

Portanto, a maioria dos problemas tem duas faces próprias: podem ser abordados através da mente e através do corpo. Até agora essa tem sido a prática no mundo: algumas pessoas acreditam que todos os problemas são do corpo — os fisiologistas, os pavlovianos, os behavioristas... Eles tratam o corpo e, é claro, em 50% dos casos são bem-sucedidos. E acreditam que à medida que a ciência evolui, eles têm mais sucesso, mas nunca serão mais bem-sucedidos do que 50%, porque isso não tem nada a ver com a evolução da ciência.

Existe também a outra parte, que pensa que todos os problemas são da mente — o que é tão errado quanto a primeira. Os praticantes das ciências cristãs, os hipnotizadores e os mesmerizadores, todos pensam que os problemas são da mente... os psicoterapeutas. Eles também obtêm sucesso em 50% dos casos; também pensam que cedo ou tarde serão mais bem-sucedidos. Isso é bobagem. Eles não conseguem mais do que 50%; esse é o limite.

No meu entendimento, cada problema deve ser abordado considerando os dois lados juntos, simultaneamente; deve ser tratado pelas duas vias, um ataque de flanco duplo. Dessa forma o ser humano pode ser curado 100%. Para que a ciência seja considerada perfeita, ela deve funcionar em ambos os sentidos.

O primeiro é o corpo, porque ele é o portal da mente — o pórtico. Depois, porque o corpo é grosseiro e é facilmente manipulável. O corpo deve ser liberado de todas as suas estruturas acumuladas e, simultaneamente, sua mente deve ser inspirada para que possa começar a se elevar e demolir todas as sobrecargas que o reprimem.

SEU CORPO E SUA MENTE NÃO SÃO DUAS COISAS

Lembre-se disso sempre. Não diga "processo fisiológico" e "processo mental". Eles não são dois lados — são apenas duas partes de um todo. Tudo que afeta você fisiologicamente, afeta a mente. Tudo que afeta você psicologicamente, afeta o corpo. O corpo e a mente não são dois, são um.

♦ O equilíbrio entre corpo e mente ♦

Você pode dizer que o corpo é um estado sólido e a mente é um estado líquido da mesma energia — da mesma energia! Então, não importa o que você faz fisiologicamente, não pense que isso seja apenas fisiológico. Não se pergunte como isso vai motivar qualquer transformação na mente. Se você ingerir álcool, o que acontece com a sua mente? O álcool é absorvido no corpo, não na mente, mas o que acontece com a mente? Se você toma LSD, ele entra no corpo, não na mente, mas o que acontece com a mente?

Ou se você jejuar, o jejum é feito pelo corpo, mas o que acontece com a mente? Ou por outro lado: se você tem pensamentos sexuais, o que acontece com o seu corpo? O corpo é afetado imediatamente. Você mentaliza um objeto sexual e seu corpo começa a se preparar.

Surgiu uma teoria desenvolvida por William James. Na primeira metade do século XX, aparentemente foi recebida como um enorme absurdo, mas em certo sentido está certa. Ele e outro cientista chamado Lange propuseram essa teoria, que é conhecida como a teoria de James-Lange. Normalmente dizemos que, quando você sente medo, você escapa e foge, ou quando sente raiva, seus olhos ficam vermelhos e você reage batendo em seu inimigo. Mas James e Lange propuseram o contrário. Eles afirmaram que, porque você foge, você sente medo; e, porque seus olhos ficam vermelhos e reage batendo em seu inimigo, você sente raiva. Exatamente o contrário. Disseram que se não for assim, não podemos manifestar um acesso de raiva, quando os olhos não estão vermelhos e o corpo não está afetado, simplesmente não estamos com raiva. Impeça que seu corpo seja afetado — você vai ver que não consegue sentir raiva.

No Japão, ensinam aos filhos um método muito simples para controlar a raiva. Os japoneses dizem: toda vez que você sentir raiva, não faça nada com a raiva, apenas comece a respirar profundamente. Experimente, e você não ficará com raiva. Por quê? Porque você respira profundamente, não consegue sentir raiva? Fica impossível sentir raiva. Dois motivos... Você começa a respirar profundamente, mas a raiva precisa de um determinado ritmo de respiração. Sem esse ritmo, não é possível sentir raiva. Para sentir raiva, é preciso que exista um determinado ritmo de respiração ou uma respiração caótica.

Se você começar a respirar fundo, é impossível expressar a raiva. Se está respirando fundo conscientemente, a raiva não tem como se expressar. A raiva precisa de uma respiração diferente para acontecer. Você não precisa fazer essa respiração; a raiva irá fazê-la por si própria. Respirando profundamente você não consegue sentir raiva. E, em segundo lugar, a sua mente sofre uma mudança. Quando você sente raiva e começa a respirar profundamente a atenção da sua mente muda da raiva para a respiração. O corpo não está em um estado de raiva e a mente muda sua concentração para outra coisa. Dessa forma, é difícil ficar com raiva. É por isso que os japoneses são as pessoas mais controladas da Terra. Simplesmente graças a um treinamento desde a infância.

É raro em qualquer outro lugar encontrar uma incidência desse tipo, mas no Japão isso acontece até hoje. Está acontecendo cada vez menos, porque o Japão está se tornando cada vez menos japonês. Ele está se tornando cada vez mais ocidentalizado e os métodos e costumes tradicionais estão se perdendo. Mas isso acontecia antes e ainda continua a acontecer atualmente.

Um amigo meu esteve lá em Kyoto e me escreveu uma carta em que dizia: "Hoje vi acontecer um fenômeno tão bonito que quis lhe escrever a respeito. E, quando voltar, vou querer entender como é possível. Um homem foi atropelado por um automóvel. Ele caiu, se levantou, agradeceu ao motorista e foi embora — ele agradeceu ao motorista!"

No Japão, isso não é difícil. Ele deve ter respirado fundo algumas vezes e então isso se tornou possível. Você se educa para uma atitude diferente e, por isso, é capaz de agradecer até mesmo a uma pessoa que está tentando matá-lo, ou que acabou de tentar matá-lo.

Os processos fisiológicos e os processos psicológicos não são duas coisas, são uma só, e você pode partir de qualquer extremidade para influenciar e mudar a outra.

TRATANDO O SER HUMANO COMO UM TODO

Em um mundo melhor, toda pessoa cuja profissão seja a de tratar o corpo vai meditar. Quando o corpo está sofrendo, deve haver alguma coisa por trás disso, porque tudo está entrelaçado. Portanto, ninguém pode ser curado tratando apenas seu corpo — a sua totalidade deve ser observada. No entanto, para analisar a sua totalidade, você deve ter um olhar voltado para a totalidade.

Todo médico deve ser um meditador, caso contrário nunca será um verdadeiro médico. Ele pode ter diplomas, pode ter uma licença para praticar medicina, mas para mim é um enganador, porque não observa a pessoa como um todo, por isso, irá tratar apenas os sintomas.

Alguém apresenta um determinado sintoma, uma enxaqueca ou uma dor de cabeça — você pode tratá-lo, porém não observa profundamente para perceber, em primeiro lugar, o porquê de a pessoa sofrer a enxaqueca. Talvez ela esteja muito sobrecarregada, preocupada ou deprimida. Talvez tenha se retraído tanto por dentro, que isso dói. Talvez esteja pensando demais e não consiga relaxar a mente. Você pode tratar o sintoma e forçar o desaparecimento do sintoma com venenos e remédios. No entanto, ele vai reaparecer em outro lugar, porque a causa original básica não foi tocada.

Não são os sintomas que devem ser tratados, mas, sim, as pessoas. E as pessoas são um organismo, um todo. Às vezes acontece que a doença pode estar nos pés e a causa original estar na cabeça. Às vezes, a causa original pode estar na cabeça, e a doença pode estar nos pés. Porque o ser humano é uno... absolutamente conectado! Nada está desconectado no ser humano. E não é apenas o corpo conectado em si mesmo, o corpo está conectado à mente, e depois, corpo e mente — psique e soma — ambos conectados a uma alma transcendental.

◆

Quando for uma questão relativa ao corpo, ouça o corpo. Quando for uma questão relativa ao pensamento, ao planejamento, às ideias, aos sonhos, à lógica, à razão, ouça a mente. Quando for uma questão da sua totalidade, ouça o coração.

◆

Saúde é a sensação de bem-estar; é seu corpo como um todo funcionando no máximo sem qualquer perturbação, e você sentindo um certo bem-estar, uma certa harmonia com a existência.

2

Decodificando os condicionamentos negativos da vida

O único dever que lhe compete é ser feliz. Faça disso uma religião. Se você não está feliz, então, não importa o que estiver fazendo, deve haver alguma coisa errada e algumas mudanças drásticas são necessárias. Deixe a felicidade decidir.

Eu sou hedonista. A felicidade é o único padrão de julgamento para o ser humano.

Portanto, observe sempre o que acontece quando faz alguma coisa: se você se sentir em paz, descansado, à vontade, relaxado, então está certo. Esse é o padrão de julgamento, nenhuma outra coisa é o padrão de julgamento. O que é certo para você pode não ser certo para outra pessoa, lembre-se disso também. Porque o que é fácil para você pode não ser fácil para outra pessoa. Portanto, não pode haver uma lei universal a esse respeito. Todo indivíduo deve decidir sobre isso sozinho. O que é fácil para você?

POR QUE ESCOLHEMOS SER INFELIZES

Este é um dos problemas humanos mais complexos. Precisa ser considerado muito profundamente e não é algo teórico — diz respeito a você. É assim que todos se comportam — sempre escolhendo o que é errado, sempre escolhendo o que é infeliz, o que é deprimente, o que traz sofrimento. Deve haver motivos profundos para isso, e existem.

Primeiro: o modo como os seres humanos são criados desempenha um papel muito definido nessas escolhas. Se você é infeliz, ganha algo com isso, ganha sempre. Se você é feliz, sempre perde.

Desde o início uma criança atenta começa a perceber a distinção. Sempre que está infeliz, todo mundo simpatiza com ela, ganha simpatia. Todo mundo tenta ser carinhoso, ela recebe amor. Ainda mais do que isso, se for sempre infeliz, todo mundo estará atento ao que lhe acontece, ela ganha atenção. A atenção funciona como alimento para o ego, um estimulante muito embriagador. A atenção lhe dá energia; você sente que é alguém. Daí tanta necessidade, tanto desejo de chamar a atenção. Se todo mundo o olhar, você se tornará importante. Se ninguém o olhar, você se sentirá como se não existisse, você não existirá mais, se tornará um não-ser. O olhar das pessoas sobre você, a preocupação das pessoas com você, lhe dão energia.

O ego existe no relacionamento. Quanto mais as pessoas prestam atenção em você, mais seu ego aumenta. Se ninguém o olha, o ego se dissolve. Se todos se esquecerem completamente de você, como o ego pode existir? Como pode sentir que existe? Daí a necessidade de sociedades, associações e clubes. Em todo o mundo existem clubes — Rotary, Lions, lojas maçônicas — milhões de clubes e sociedades. Essas sociedades e clubes existem para dar atenção às pessoas que não conseguem chamar a atenção de outras maneiras.

Desde o início da vida, a criança aprende a política. A política é: pareça infeliz, assim você ganha simpatia e todos lhe darão atenção. Pareça doente — você se torna importante. Um filho doente se torna ditatorial; toda a família precisa acompanhá-lo — tudo o que ele diz vira regra.

Quando está feliz, ninguém lhe escuta. Quando está saudável, ninguém se importa. Quando ele é perfeito, ninguém lhe presta atenção. Desde o início, começamos a escolher o infeliz, o triste, o pessimista, o lado mais sombrio da vida. Esse é o primeiro aspecto.

O segundo aspecto relacionado com isso é: sempre que estiver feliz, sempre que estiver alegre, sempre que se sentir extasiado e feliz, todo mundo sentirá ciúme de você. O ciúme significa que todos são hostis, ninguém é amigável; nesse momento todo mundo é um inimigo. Você aprende a não ficar tão extasiado para que todos não se tornem seus inimigos — não deve mostrar sua felicidade, não deve rir.

Observe as pessoas quando riem. Riem muito calculadamente. Não é um riso que vem da barriga, não vem da profundidade de seu ser. Elas primeiro olham para você, então julgam... e então... riem. E elas riem até determinado ponto, na medida em que você possa tolerar, até o ponto em que não serão levadas a mal, até o ponto em que ninguém ficará com ciúme.

Até mesmo os nossos sorrisos são políticos. O riso desapareceu, a felicidade tornou-se absolutamente desconhecida e sentir-se extasiado é quase impossível, porque não é permitido. Se você for infeliz, ninguém vai pensar que está louco. Se estiver em êxtase e dançando, todos pensarão que está louco. A dança é rejeitada, o canto não é aceito. Um ser humano feliz — e pensamos: algo deu errado.

Que tipo de sociedade é esta? Se alguém é infeliz, está tudo bem; essa pessoa se encaixa, porque toda a sociedade é mais ou menos infeliz. Essa pessoa é um membro, é um de nós. Se uma pessoa fica em êxtase, pensamos que ficou louca, insana. Ela não pertence ao nosso grupo — e sentimos ciúme.

Por causa do ciúme, condenamos a pessoa. Por causa do ciúme tentamos em todos os sentidos levá-la de volta ao seu estado antigo. Chamamos a esse estado antigo de normalidade. Os psicanalistas vão ajudar, os psiquiatras vão ajudar a devolver essa pessoa à sua infelicidade normal.

A sociedade não pode permitir o êxtase. O êxtase é a maior revolução. Repito: o êxtase é a maior revolução. Se as pessoas se sentirem extasiadas toda a sociedade terá de mudar, porque esta sociedade é baseada na infelicidade.

Se as pessoas estão felizes, não se pode levá-las à guerra — ao Vietnã, ao Egito, a Israel. Não. Alguém que esteja feliz só vai rir e dizer: isso é bobagem!

Se as pessoas estão felizes, você não pode torná-las obcecadas pelo dinheiro. Não desperdiçarão toda a vida apenas acumulando dinheiro. Para elas vai parecer uma loucura que uma pessoa destrua toda a sua vida, simplesmente trocando a vida por dinheiro morto, morrendo para acumular dinheiro. O dinheiro continuará existindo depois que ela tiver morrido. Isso é uma loucura absoluta! Mas essa loucura não pode ser vista a menos que você esteja em êxtase.

Se as pessoas estiverem em êxtase, todo o padrão desta sociedade terá de mudar. Esta sociedade existe na infelicidade. A infelicidade é um grande investimento para esta sociedade. Então, criamos os nossos filhos... desde o início os criamos com uma inclinação para a infelicidade. É por isso que eles sempre escolhem a infelicidade.

Toda manhã, para todo mundo, existe uma escolha. E não só a cada manhã, a cada momento há a escolha de ser infeliz ou de ser feliz. Você sempre escolhe ser infeliz porque nisso há um investimento. Sempre escolhe ser infeliz porque isso se tornou um hábito, um padrão, você sempre fez isso. Tornou-se eficiente ao fazê-lo, isso se tornou um caminho batido. No momento em que sua mente precisa escolher, ela se encaminha imediatamente para a infelicidade.

A infelicidade se parece com uma descida, o êxtase se parece com uma subida. O êxtase parece muito difícil de alcançar — mas não é assim. O verdadeiro êxtase é exatamente o oposto: é como uma descida, a infelicidade é a subida. A infelicidade é uma coisa muito difícil de alcançar, mas você conseguiu isso, fez o impossível — porque a infelicidade é muito antinatural. Ninguém quer ser infeliz, porém, a maioria das pessoas é infeliz.

A sociedade fez um ótimo trabalho. Educação, cultura e instituições culturais, pais e professores — todos fizeram um excelente trabalho. Criaram seres infelizes em lugar de criadores em êxtase. Toda criança nasce em êxtase. Toda criança nasce um deus. E todo ser humano morre um louco.

Esse é todo o trabalho que lhe compete — como recuperar a infância, como recuperá-la. Se você puder se tornar criança novamente, não haverá infelicidade.

Não quero dizer que, para uma criança, não existem momentos de infelicidade — existem. Mas ainda assim não existirá infelicidade. Tente entender isso.

Uma criança pode tornar-se infeliz, pode ser infeliz, intensamente infeliz em um momento, mas ela se identifica tão completamente com essa infelicidade, assume de tal maneira essa infelicidade, que não existe uma divisão. Não existe nesse momento a criança isolada da infelicidade. A criança não observa sua infelicidade de maneira isolada, dividida. Nesse momento a criança é infelicidade — fica totalmente envolvida com ela. Mas quando você se identifica com a infelicidade, a infelicidade não é infelicidade. Se você se identificar a tal ponto com a infelicidade, até mesmo a infelicidade adquire uma beleza própria.

Portanto, observe uma criança — uma criança intocada, quero dizer. Se ela estiver com raiva, toda a sua energia se transformará em raiva; nada sobrará, nada permanecerá em suspenso. A criança se transformou e se tornou a raiva; ninguém a está manipulando e controlando. Não existe consciência. A criança tornou-se raiva — ela não está com raiva, tornou-se a própria raiva. Veja a beleza do desabrochar dessa raiva. A criança, em nenhum momento, parece feia — mesmo com raiva, parece bonita. Ela parece mais intensa, mais cheia de vida, mais viva — um vulcão pronto para entrar em erupção. Uma criança tão pequena, uma energia tão grande, um ser tão atômico — com todo o universo para explodir.

E, depois dessa raiva, a criança ficará em silêncio. Depois dessa raiva a criança estará muito em paz. Depois dessa raiva a criança relaxa. Pode-se pensar que é muita infelicidade sentir uma raiva assim, mas a criança não está infeliz — ela gosta disso.

Se você se identifica com qualquer coisa, torna-se feliz. Se você se afasta de qualquer coisa, mesmo que seja a felicidade, então, se tornará infeliz.

Portanto, aqui está o segredo. Existir afastado do ego é a base de toda infelicidade; identificar-se, fluir com tudo o que a vida oferece, mergulhar intensamente, totalmente, a ponto de parecer não existir mais, de sentir-se perdido, é assim que tudo o torna feliz.

A escolha é essa, mas acabou se tornando inconsciente da própria escolha. Você tem escolhido o caminho tantas vezes que isso se tornou um hábito arraigado, simplesmente escolhe automaticamente. Não há mais escolha.

Torne-se alerta. A cada momento em que estiver escolhendo ser infeliz, lembre-se: essa é uma escolha sua.

O próprio fato de estar atento ajuda, de ter consciência de que essa é uma escolha que faço e pela qual sou responsável, e que faço isso por mim mesmo, escolhi fazer isso. Imediatamente você vai sentir a diferença. A sua consciência melhorou. Será mais fácil ir em busca da felicidade.

Depois que souber que essa é uma escolha sua, a coisa toda vai se parecer mais com um jogo. Se você gosta de ser infeliz, seja infeliz, mas lembre-se: essa é uma escolha sua, não reclame. Ninguém mais é responsável por ela. A encenação é por sua conta. Se você gosta assim, se gosta de parecer infeliz, se quer passar a vida na infelicidade, então, essa é a sua escolha, o seu jogo. Você está jogando. Jogue bem!

Portanto, não pergunte às pessoas como não ser infeliz. Isso é bobagem. Não saia por aí perguntando aos mestres e gurus como ser feliz. Os chamados gurus existem por causa de sua tolice. Você cria a infelicidade e depois pergunta a outros como desfazê-la. E vai continuar gerando a infelicidade, porque não se dá conta do que está fazendo. A partir deste exato momento comece a tentar, a tentar ser feliz e contente.

DUAS MANEIRAS DE VIVER

Existem duas maneiras de viver, de ser, de saber: uma é pelo esforço, pela vontade, pelo ego; na outra não há nenhum esforço, nenhuma luta, porém, permanece em um estado de abandono em relação à existência.

Todas as religiões do mundo têm-lhe ensinado o primeiro caminho, o de lutar — lutar contra a natureza, lutar contra o mundo, lutar contra o seu próprio corpo, lutar contra a mente. Só assim você pode alcançar a verdade, o supremo, o eterno. Mas existem provas suficientes de que esse desejo de poder, esse caminho do ego, essa luta e essa guerra falharam completamente. Em milhões de anos, muito poucas pessoas alcançaram uma vida plenamente superior, tão poucas que só comprovam a exceção, não comprovam a regra.

Eu ensino o segundo caminho: não vá contra a corrente da existência, vá com ela; a existência não é sua inimiga. Uma pessoa que tenta subir rio acima lutando contra a correnteza logo estará cansada e não chegará a lugar algum. O rio é vasto e ela é uma parte pequena.

Nesta vasta existência você é menor do que um átomo. Como pode lutar contra o todo? A própria ideia é ininteligente. Você é produzido pelo todo — como pode ser seu inimigo? A natureza é sua mãe, não pode ser contrária a você. Seu corpo é a sua própria vida, ele não pode ser hostil a você. Seu corpo o serve apesar da sua luta contínua contra ele. Ele o serve quando você está acordado e mesmo quando está dormindo. Quem mantém a respiração? Você logo dorme profundamente e até pode roncar. O corpo tem sua própria sabedoria. Ele continua a respirar, o coração continua a bater, o corpo continua funcionando sem você. Na verdade, ele funciona melhor quando você não está presente. Sua presença é sempre uma perturbação, porque sua mente está condicionada por pessoas que lhe disseram para ser contra ele.

Eu ensino a amizade com a existência. Não quero que renuncie ao mundo, porque o mundo é nosso. Nada que existe é contra você. Tudo o que precisa aprender é a arte de viver — não a arte de renunciar, mas a arte de se alegrar. Tudo se resume a aprender uma técnica e você pode transformar o veneno em néctar.

Em muitos medicamentos você encontrará escrito "veneno", mas nas mãos de um especialista em ciência o veneno torna-se um remédio. Ele não mata, mas salva.

Se você achar que em algum lugar do seu corpo, a natureza ou o mundo está contra você, lembre-se de uma coisa: deve ser por sua ignorância, deve ser por sua atitude errada. Deve ser porque você não conhece a arte de viver. Porque não sabe que a existência não pode ser contra você. Nascemos dentro dela, você mora nela, ela lhe deu tudo e você nem é agradecido. Ao contrário, todas as religiões lhe ensinam a condená-la desde o início.

Qualquer religião que ensina a condenar a vida, é contra a vida, está a serviço da morte; não está a seu serviço, não está a serviço da existência. Mas por que surge essa questão?

Todas essas religiões se posicionaram contra a natureza. Por que criaram uma certa lógica de que, a menos que você seja contra este mundo, nunca conseguirá alcançar o outro mundo, o superior? Por que fizeram essa divisão entre este mundo e aquele mundo? Há uma razão para isso.

Se você não renunciar a este mundo, mas em vez disso vivê-lo em sua totalidade, o sacerdote deixará de ser necessário. Se esse mundo precisa ser combatido, se você deve renunciar a ele, então deve reprimir seus instintos naturais. Portanto, é claro, você vai ficar doente. Contra a natureza você nunca pode ser saudável, nunca pode ser inteiro. Você sempre será dividido e esquizofrênico. Certamente, precisará de alguém para guiá-lo, alguém para ajudá-lo — você precisará do sacerdote.

Naturalmente, quando é culpado, você vai à igreja, vai à mesquita, vai à sinagoga; você pede ao padre, pede ao imame, pede ao rabino para ajudá-lo, porque em sua profunda escuridão — por cuja criação eles são os responsáveis — você está muito indefeso, precisa de alguém para protegê-lo, alguém para ajudá-lo, alguém para lhe mostrar a luz. Você sente uma sensação tão desesperada, a ponto de não ser capaz de pensar se o sacerdote sabe alguma coisa além do que você sabe, ou se ele é apenas um servo remunerado.

Seu problema é basicamente olhar para dentro de si mesmo, que é onde você existe. E, se está se sentindo infeliz, sofrendo, com alguma ansiedade, alguma angústia; se está perdendo o sentido da vida, descontente, se não vê nenhum significado em nada, então você está simplesmente se arrastando para a morte... A escuridão continua a se tornar cada vez mais escura, todos os dias a morte continua se aproximando? Esse é o momento de entrar em grandes problemas teológicos? Essa é hora de mudar o seu ser. Você não tem muito tempo.

Os métodos que todas as religiões lhe ensinam são métodos de luta; não levam a nada. Simplesmente estragam as alegrias da sua vida. Envenenam tudo o que é agradável nesta vida. Criaram uma humanidade triste. Eu quero uma humanidade cheia de amor, cheia de música e de dança.

Quero que todos entendam claramente que o meu método é o segundo, e, de acordo com o segundo método, não quero lutar contra a corrente e seguir rio acima — isso é estupidez. Não se pode lutar contra a natureza, a correnteza da natureza é muito vasta e muito forte. A melhor maneira é aprender com os corpos mortos. Eles conhecem alguns segredos que os vivos não conhecem.

Os vivos, se não sabem nadar, se afogam. Isso é muito estranho. Depois que morrem, voltam à tona. Quando estavam vivos, afundavam; depois que morrem, flutuam.

Com certeza, o corpo morto sabe algo que o vivo não conhece. O que aconteceu? Por que o rio e o mar se comportam de forma diferente com o morto? Porque o corpo morto está em absoluto abandono. Não está nadando. Não está fazendo nada.

♦ Decodificando os condicionamentos negativos da vida ♦

O melhor nadador simplesmente flutua. O nadador mais experiente simplesmente segue como um morto ao sabor da corrente, aonde quer que o rio o leve — e ele sempre leva ao mar. Todo rio leva ao mar, por isso, você não precisa se preocupar se está em um rio sagrado ou não. Sagrado ou profano, cedo ou tarde, todo rio está destinado a chegar ao mar. Você simplesmente continua flutuando com o rio. E isso eu chamo de confiança — confiar na existência, que aonde quer que ela o leve, estará levando pelo caminho certo, ao objetivo certo. A natureza não é sua inimiga. Confie na natureza, porque aonde quer que o leve, ela é a sua casa.

Se toda a humanidade aprender a relaxar em vez de lutar, aprender a se abandonar ao sabor da existência em vez de fazer um esforço árduo, haverá uma grande mudança na consciência em termos de qualidade. Pessoas relaxadas, simplesmente flutuando silenciosamente ao sabor do rio, sem metas próprias, sem nada de ego...

Flutuando assim relaxado não há como ter ego. O ego precisa de esforço — você precisa fazer alguma coisa. O ego é um fazedor e ao flutuar você se tornou um não-fazedor. Nessa inatividade, você ficará surpreso em ver como suas ansiedades e sofrimentos começam a desaparecer, e em como começará a se contentar com o que quer que a existência lhe ofereça.

Um místico sufi estava viajando...

E todas as noites agradecia pela existência:

— Você fez tanto por mim e nunca consegui retribuir, nunca conseguirei retribuir.

Seus discípulos sentiam-se um tanto desgostosos, porque às vezes a vida era muito árdua.

O místico sufi era uma pessoa rebelde. Aconteceu dessa vez que durante três dias eles não tiveram comida, porque todas as aldeias pelas quais passaram os rejeitaram, pois eles não eram maometanos ortodoxos. Eles faziam parte de um grupo de sufis rebeldes. As pessoas não lhes davam abrigo durante a noite, por isso, eles dormiam no deserto. Estavam famintos, sedentos e esse já era o terceiro dia. Na oração noturna, o místico voltou a dizer à existência:

— Sou muito agradecido. Você tem feito tanto por nós e não podemos retribuir.

Um dos discípulos disse:

— Isso é demais. Agora, depois destes três dias, por favor, conte-nos o que a existência fez por nós? Por que está agradecendo à existência?

O velho riu. Ele disse:

— Você ainda não está ciente do que a existência fez por nós. Estes três dias foram muito significativos para mim. Eu estava com fome, eu estava com sede, não tivemos abrigo, fomos rejeitados, condenados. Jogaram pedras contra nós e eu assisti a tudo dentro de mim mesmo... não senti raiva. Agradeço à existência. Os presentes são inestimáveis. Nunca poderei devolvê-los. Três dias de fome, três dias de sede, três dias de sono, pessoas atirando pedras... e, no entanto, não senti nenhuma inimizade, nenhuma raiva, nenhum ódio, nenhuma falha, nenhuma decepção. Deve ser sua misericórdia, deve ser a existência me apoiando.

"Estes três dias me revelaram tantas coisas que não seriam reveladas se nos dessem comida, se tivessem nos recebido, se tivessem dado abrigo para nós, se não tivessem atirado pedras... e você está me perguntando por que agradeço à existência? Vou agradecer à existência mesmo quando estiver morrendo, porque mesmo na morte sei que a existência vai me revelar mistérios como tem revelado na vida, porque a morte não é o fim, mas o próprio clímax da vida."

Aprenda a fluir com a existência para que você não sinta nenhuma culpa e não tenha feridas. Não lute com seu corpo, nem com a natureza, nem com qualquer coisa, assim, estará em paz e em casa, calmo e recuperado.

Essa postura o ajudará a tornar-se mais alerta, mais consciente, mais atento, e isso finalmente o levará ao mar do despertar final — a libertação.

O CORPO É SEU AMIGO

Todas as religiões têm ensinado a lutar contra a natureza. Tudo o que é natural é condenado. As religiões dizem que você precisa conseguir fazer algo não natural, e só então poderá sair da prisão da biologia, da fisiologia, da psicologia e de todas as paredes que o cercam.

♦ Decodificando os condicionamentos negativos da vida ♦

Mas se seguir em harmonia com seu corpo, com sua mente, com seu coração, as religiões dizem que nunca poderá ir além de si mesmo. É aí que me oponho a todas as religiões. Elas colocaram uma semente venenosa no seu ser, e, com isso, você mora em seu corpo, mas não o ama.

O corpo o serve durante setenta, oitenta, noventa, cem anos e, até mais que isso, e não existe qualquer mecanismo que a ciência tenha sido capaz de inventar que possa ser comparado ao corpo. Suas complexidades, os milagres que continua fazendo por você... e você nem sequer agradece. Você trata seu corpo como seu inimigo e seu corpo é seu amigo.

Ele cuida de você de todas as maneiras possíveis, enquanto está acordado, enquanto está dormindo. Mesmo durante o sono ele continua cuidando de você. Quando você está dormindo e uma aranha começa a andar por sua perna, sua perna a espanta sem incomodá-lo. A perna tem um cérebro pequeno, para pequenos assuntos, não há necessidade de ir ao sistema central, ir ao cérebro — a perna pode se desincumbir sozinha. Um mosquito pica você, suas mãos o afastam ou o matam, e seu sono não é perturbado. Mesmo enquanto está dormindo, seu corpo o está protegendo continuamente e fazendo coisas, em geral inesperadas. A mão não deve ter um cérebro, mas com certeza tem algo que só pode ser chamado de cérebro muito pequeno. Talvez cada célula de seu corpo tenha um pequeno cérebro. Existem milhões de células em seu corpo, milhões de pequenos cérebros, funcionando, cuidando de você continuamente.

Você continua comendo todos os tipos de coisas sem se incomodar com o que acontece quando as engole. Não pergunta ao corpo se o seu mecanismo, a sua química, será capaz de digerir o que está comendo. Mas, de algum modo, sua química interna continua trabalhando por quase um século. Seu corpo possui um sistema automático de substituição de peças que deram errado. Ele continua se desfazendo delas, criando novas peças, e você não precisa fazer nada a respeito, isso continua acontecendo por conta própria. O corpo tem uma certa sabedoria própria.

Essas religiões continuam lhe dizendo: "Você precisa lutar sempre, precisa seguir contra a corrente. Não escute o corpo: não importa o que ele diga, faça exatamente o contrário". O jainismo diz: "O corpo está com fome, deixe que sinta fome. Você se tortura de fome, ele precisa desse tratamento". O corpo simplesmente o serve sem qualquer pagamento, sem salário, sem instalações, e o jainismo diz para você contrariá-lo. Quando ele quer adormecer, tente permanecer acordado.

Isso com certeza aumenta o poder do seu ego. Quando o corpo quer comida, você diz não. A negativa lhe confere um grande poder. Você é o senhor e reduz o corpo a um escravo — não só a um escravo, você o força a manter a boca fechada: "Tudo o que eu decidir vai ser feito, você não deve interferir".

Não lute com seu corpo. Ele não é seu inimigo, é seu amigo. É uma dádiva da natureza para você. É parte da natureza. Acompanha a natureza de todas as formas possíveis. Vocês estão unidos não só pela respiração; os raios solares os aproximam, a fragrância de flores os aproxima, o luar os aproxima. Vocês se unem por todos os lados; você não é uma ilha isolada. Deixe essa ideia. Você é parte de todo esse continente e ainda assim... lhe deu uma individualidade. É o que eu chamo de milagre.

Você é parte integrante da existência, mas tem uma individualidade. A existência fez um milagre, possibilitou algo impossível.

Em harmonia com seu corpo, você estará em harmonia com a natureza, com a existência. Em vez de ir contra a corrente, vá com a corrente. Abandone-se. Deixe a vida acontecer. Não force nada por causa de nenhum bom rótulo, por causa de algum livro sagrado ou por causa de algum ideal santo; não perturbe a sua harmonia.

Nada é mais valioso do que ser harmonioso em conformidade com o todo.

Respeite a vida, reverencie a vida. Não existe nada mais santo do que a vida, nada mais divino do que a vida. E a vida não consiste em grandes coisas. Esses idiotas religiosos costumam dizer: "Faça grandes coisas". Mas a vida consiste em coisas pequenas. A estratégia é clara. Eles dizem: "Faça grandes coisas, algo excelente, algo pelo que seu nome será lembrado depois, faça algo de bom". E é claro que apelam ao ego. O ego é o agente do sacerdote. Todas as igrejas, todas as sinagogas e todos os templos têm apenas um agente, e esse, é o ego. Eles não usam agências diferentes. Não existem outras agências. Existe apenas uma agência, e essa, é o ego — algo ótimo, algo grande.

Quero lhe dizer, não existe nada grande, nada de excelente. A vida consiste em coisas muito pequenas. Então, se você se interessar pelas chamadas coisas grandes, você estará perdendo a vida.

A vida consiste em tomar uma xícara de chá, fofocar com um amigo; sair para uma caminhada de manhã não indo a lugar algum em particular, apenas para uma caminhada, sem objetivo, sem fim, onde, de qualquer ponto, você pode voltar atrás; fazer uma refeição para alguém que você ama; cozinhar para si mesmo, porque você ama seu corpo também; lavar as suas roupas, limpar o chão, regar o jardim... essas coisas pequenas, coisas muito pequenas... dizer "oi" a um estranho, algo que nem é preciso, porque de fato não tem nada a ver com o estranho.

O fato é que a pessoa capaz de dizer "oi" a um estranho também pode dizer "olá" para uma flor, também pode dizer "olá" para uma árvore, pode cantar uma música para os pássaros. Eles cantam todos os dias e você nunca se incomodou em pensar que algum dia deveria retribuir a gentileza. Simplesmente coisas pequenas, coisas muito pequenas...

Respeite a sua vida. Desse modo, você começará a respeitar a vida dos outros.

O FANTASMA DO "DEVER"

Toda a nossa educação — na família, na sociedade, na escola, na faculdade, na universidade — cria tensão em nós. A tensão fundamental é que você não está fazendo o que "deve" fazer.

Essa tensão persiste por toda a sua vida; segue você como um pesadelo, continua assombrando. Nunca o deixará em repouso, nunca permitirá que relaxe. Se relaxar, ela dirá: "O que você está fazendo? Você não deveria relaxar, deveria estar fazendo alguma coisa". Se você estiver fazendo alguma coisa, ela dirá: "O que você está fazendo? Você precisa de um descanso, é uma obrigação, caso contrário, vai ficar louco... já está à beira da loucura".

Se fizer algo de bom, ela dirá: "Você é um tolo. Fazer o bem não compensa, as pessoas vão enganá-lo". Se fizer algo ruim, ela dirá: "O que você está fazendo? Você está preparando o caminho para ir para o inferno, terá de sofrer por isso". Ela nunca o deixará em repouso; não importa o que você fizer, ela estará lá para condenar.

Esse mecanismo condenador foi implantado em você. É a maior calamidade que aconteceu com a humanidade. E a menos que nos livremos dele, não seremos verdadeiramente humanos, não seremos verdadeiramente alegres e não poderemos participar da celebração que é a existência.

Mas ninguém pode se desfazer dele a não ser você mesmo. E esse não é apenas um problema seu, é o problema de quase todos os seres humanos. Não importa em que país tenha nascido, não importa a que religião pertença, tanto faz, catolicismo, hinduísmo, islamismo, jainismo ou budismo, não importa o tipo de ideologia a que você pertença, no fundo é sempre a mesma coisa. O fundamental é criar uma divisão dentro de você, assim, uma parte sempre condena a outra. Se seguir a primeira parte, a segunda começará a condená-lo. Você vive um conflito interno, uma guerra civil.

O jeito é abandonar de vez essa guerra civil, caso contrário, vai sentir falta de toda a beleza, da bênção que é a vida. Você nunca será capaz de rir do que vai dentro do seu coração, nunca será capaz de amar, nunca será capaz de se entregar totalmente a nada. Sómente nessa totalidade é que o ser humano desabrocha, que a primavera acontece e que sua vida começa a ganhar cor, música e poesia.

É só na totalidade que de repente você sente a presença de Deus ao seu redor. Mas a ironia é que a divisão foi criada pelos seus chamados santos, pelos sacerdotes e pelas igrejas. Na verdade, o sacerdote foi o maior inimigo de Deus na terra.

Precisamos nos livrar de todos os sacerdotes; eles são a principal causa da patologia humana. Eles acabaram com a tranquilidade das pessoas, produziram uma epidemia de neurose. E a neurose tornou-se tão dominante que nós contamos com ela. Pensamos que faz parte da vida, pensamos que a vida se resume a isso — um sofrimento, um longo e contínuo sofrimento; uma existência dolorosa e agonizante; um histórico de vida muito movimentado sobre nada.

Se contemplarmos essa nossa suposta vida, parecerá assim mesmo, porque nunca apreciamos sequer uma única flor, sequer uma única música no coração, sequer um raio de delícia divina.

Não é de surpreender que as pessoas inteligentes do mundo todo perguntem qual é o significado da vida. "Por que devemos continuar vivendo? Por que somos tão covardes em relação a viver a vida? Por que não somos capazes de juntar um pouco de coragem e acabar de vez com todas essas bobagens? Por que não podemos cometer suicídio?"

♦ Decodificando os condicionamentos negativos da vida ♦

Nunca no mundo houve tantas pessoas pensando que a vida é tão sem sentido. Por que isso veio a acontecer nesta época? Isso não tem nada a ver com esta época. Durante séculos, há pelo menos cinco mil anos, os sacerdotes têm praticado o mal. Agora esse mal alcançou o ponto alto supremo. Isso não é algo que tenhamos feito, somos as vítimas. Somos as vítimas da história. Se o ser humano se tornar um pouco mais consciente, a primeira coisa a fazer será queimar todos os livros de história. Esqueçamos o passado, ele foi um pesadelo. Comecemos de novo a partir do zero, como se Adão nascesse de novo. Comecemos como se estivéssemos novamente no Jardim do Éden, inocentes, não contaminados...

Um homem procurava uma boa igreja para frequentar e encontrou uma modesta, na qual a congregação lia juntamente com o pastor. Eles estavam dizendo: "Nós deixamos por fazer as coisas que deveríamos ter feito e fizemos as coisas que não deveríamos ter feito".

O homem sentou em um banco e suspirou de alívio enquanto dizia a si mesmo: "Graças a Deus, finalmente encontrei o meu povo".

Faça o que a sua natureza quer fazer, faça o que suas habilidades intrínsecas desejam fazer. Não escute as escrituras, ouça seu próprio coração; essa é a única escritura que prescrevo. Sim, ouça com muita atenção, muito conscientemente, e você nunca irá se enganar. E, ouvindo seu próprio coração, nunca ficará dividido. Ouvindo seu próprio coração, você começará a seguir na direção certa, sem nunca pensar no que é certo e no que é errado.

Assim, tudo o que será preciso para a nova humanidade consistirá no segredo de ouvir o coração conscientemente, com zelo e atenção. Siga-o por todos os meios, vá aonde quer que seja. Sim, às vezes isso o levará a correr perigos, mas lembre-se, esses perigos são necessários para torná-lo maduro. Às vezes, eles o desviarão do caminho, mas, lembre-se novamente, esses desvios fazem parte do crescimento. Muitas vezes você poderá cair. Levante-se de novo porque é assim que se reúne força — caindo e tornando a levantar. É assim que nos tornamos íntegros.

Mas não siga as regras impostas de fora para dentro. Nenhuma regra imposta pode ser certa, porque as regras são inventadas por pessoas que querem governá-lo. Sim, na história também existiram grandes pessoas, iluminadas, um Buda, um Jesus, um Krishna, um Maomé. Mas não deram regras ao mundo, deram seu amor. No entanto, cedo ou tarde, seus discípulos se reuniram e começaram a produzir códigos de conduta. Depois que o mestre se foi, depois que a luz se foi, ficaram em profunda escuridão, começam a tatear em busca de certas regras a seguir, porque a luz que lhes permitia enxergar não estava mais presente. Eles dependiam de regras.

Jesus fez o que sussurrava seu coração, porém, o que os cristãos continuam fazendo não é o que sussurram seus próprios corações. Eles são imitadores — e no momento em que você imita, insulta a sua humanidade, você insulta seu Deus.

Nunca seja um imitador, seja sempre original. Não se torne uma cópia de carbono. Isso é o que está acontecendo em todo o mundo — cópias e mais cópias de carbono.

A vida é realmente uma dança, se você for original — e você deve ser original. Pois não há dois seres iguais, por isso, meu modo de vida nunca pode se tornar o seu modo de vida.

Absorva o espírito, absorva o silêncio do mestre, aprenda sua graça. Beba o máximo possível de seu ser, mas não o imite. Absorvendo seu espírito, bebendo seu amor, recebendo sua compaixão, você poderá ouvir os sussurros do seu próprio coração. São sussurros. O coração fala com uma voz muito calma e baixa; ele não grita.

Esqueça tudo sobre o que lhe disseram: "Isso é certo e isso é errado". A vida não é tão fixa. O que é certo hoje pode ser errado amanhã, o que é errado neste momento pode ser certo no momento seguinte. A vida não pode ser inculcada; você não pode rotulá-la com tanta facilidade: "Isso é certo e isso é errado". A vida não é uma farmácia onde cada frasco é rotulado e você sabe o que é o quê. A vida é um mistério; em um momento, algo se encaixa e então é certo. Em outro momento, tanta água desceu ao Ganges que já não cabe e é errado.

Qual é a minha definição de certo? O que é harmonioso com a existência é certo, e o que é desarmonioso com a existência é errado. Você precisa estar muito alerta a cada momento, porque tudo deve ser decidido de novo a cada momento. Você não pode depender de respostas prontas para o que é certo e o que é errado.

♦ Decodificando os condicionamentos negativos da vida ♦

A vida se move tão rápida; é dinâmica, não é estática. Não é uma piscina estagnada, é um Ganges, corre sem parar. Nunca é a mesma por dois momentos consecutivos. Uma coisa pode ser certa neste momento e pode não ser certa no momento seguinte.

O que fazer? A única coisa possível a fazer é tornar as pessoas tão conscientes que elas próprias sejam capazes de decidir como reagir a essa vida mutante.

Uma antiga história zen nos ensina: Existiam dois templos rivais. Os mestres de ambos — devem ter sido chamados de mestres, mas devem ter sido realmente sacerdotes — eram tão contrários um ao outro que disseram a seus seguidores para nunca mais olharem para o outro templo.

Cada um dos sacerdotes tinha um menino para servi-lo, para ir buscar coisas para si, para cuidar de seus afazeres. O sacerdote do primeiro templo disse a seu servo: "Nunca fale com o outro menino. Aquelas pessoas são perigosas".

Mas meninos são meninos. Um dia se encontraram na estrada e o menino do primeiro templo perguntou ao outro:

— Aonde você está indo?

O outro disse:

— Aonde quer que o vento me leve. — Ele deve ter ouvido grandes coisas zen no templo.

Uma ótima afirmação, puro Tao. Mas o primeiro menino ficou muito envergonhado, ofendido, e não conseguiu pensar no que responder. Frustrado e irritado, também se sentindo culpado, pensou: "Meu mestre disse para não falar com essas pessoas. Essas pessoas realmente são perigosas. Agora, que tipo de resposta é essa? Ele me humilhou".

Ele foi ao seu mestre e disse-lhe o que havia acontecido.

— Me desculpe por ter falado com ele. O senhor estava certo, aquelas pessoas são estranhas. Que tipo de resposta é essa? Perguntei-lhe: "Aonde você está indo?", uma simples pergunta formal, e eu sabia que ele estava indo ao mercado, assim como eu estava indo ao mercado. Mas ele disse: "Aonde quer que o vento me leve".

O mestre disse:

— Eu lhe avisei, mas você não ouviu. Agora, olhe, amanhã você ficará no mesmo lugar novamente. Quando ele aparecer, pergunte-lhe: "Aonde você está indo?" e ele dirá: "Aonde quer que o vento me leve".

Então, você também será um pouco mais filosófico. Diga: "E você não tem pernas? Porque a alma não tem corpo e o vento não pode levar a alma a qualquer lugar!" Que tal?

Absolutamente pronto, durante toda a noite o menino repetiu uma e outra vez e novamente. Na manhã seguinte, muito cedo, lá foi ele, postou-se no lugar certo e no momento exato, o menino apareceu. Sentia-se muito feliz, agora lhe mostraria o que era a filosofia de verdade. Então perguntou:

— Aonde você está indo? — E ficou esperando.

Mas o menino disse:

— Estou indo buscar verduras no mercado.

E agora, o que fazer com a filosofia que tinha aprendido?

A vida é assim. Você não pode se preparar para ela, você não pode estar pronto para ela. Essa é a beleza, a maravilha, que sempre o pega de modo inesperado, sempre é uma surpresa. Se você tiver olhos, verá que cada momento é uma surpresa e nenhuma resposta pronta se aplica.

Eu simplesmente lhe ensino uma lei intrínseca da vida. Seja obediente ao seu próprio ser, seja uma luz para si mesmo, siga essa luz e esse problema nunca irá surgir. Tudo o que você fizer será o que é preciso fazer, e tudo o que você não fizer será o que não é preciso ser feito.

A única maneira de estar em contato com a vida, a única maneira de não ficar para trás na vida, é ter um coração que não seja culpado, um coração inocente. Esqueça tudo o que lhe foi dito, o que deve ser feito e o que não deve ser feito, ninguém pode decidir por você.

Evite os presunçosos que decidem por você; tome as rédeas em suas próprias mãos. Você é quem deve decidir.

Na verdade, é nessa determinação que a sua alma ganha vida. Quando os outros decidem por você, sua alma permanece adormecida e aborrecida. Quando começa a decidir sozinho, surge uma clareza. Decidir significa assumir riscos, decidir significa que você pode estar agindo errado, quem sabe, esse é o risco. Quem sabe o que vai acontecer? Esse é o risco, não há garantia.

Na tradição estabelecida existe uma garantia. Milhões e milhões de pessoas a seguiram, como tantas pessoas podem estar erradas? Essa é a garantia. Se tantas pessoas disserem que está certo, deve estar certo.

Assuma todos os riscos que são necessários para ser um indivíduo e aceite os desafios para que eles possam aguçar você, possam lhe dar brilho e inteligência.

A verdade não é uma crença, é uma inteligência total. É uma queima das fontes escondidas de sua vida, é uma experiência esclarecedora de sua consciência. Mas você terá de proporcionar o espaço certo para isso acontecer. E o espaço certo é se aceitar como é. Não negue nada, não se divida, não se sinta culpado.

DESAPEGUE-SE DA INFELICIDADE

Deveria ser fácil abandonar o sofrimento, a angústia e a infelicidade. Não deveria ser difícil: você não quer ser infeliz, então deve haver alguma complicação profunda por trás disso. A complicação é que, desde a infância, você não tem permissão para ser feliz, alegre e contente.

Você foi forçado a ser sério e a seriedade implica tristeza. Você foi forçado a fazer coisas que nunca quis fazer. Você era impotente, fraco, dependente de pessoas; naturalmente, precisava fazer o que lhe diziam. Fazia essas coisas contra a vontade, sofrendo, querendo resistir. Contra a vontade, foi forçado a fazer tantas coisas que no final das contas algo ficou claro: qualquer coisa que seja contra a sua vontade é certa, e qualquer coisa que seja favorável à sua vontade deve ser errada. Com frequência, essa formação, como um todo, te deixou uma pessoa cheia de uma tristeza que não é natural.

Ser alegre é natural, assim como ser saudável é natural. Quando está saudável, você não vai ao médico para perguntar: "Por que estou saudável?" Não há necessidade de nenhuma dúvida sobre a sua saúde. Mas, quando está doente, você pergunta imediatamente: "Por que estou doente? Qual o motivo, a causa da minha doença?"

É perfeitamente certo perguntar por que você é infeliz. Não é certo perguntar por que você é feliz. Você foi educado em uma sociedade insana, onde ser feliz sem razão é considerado uma loucura. Se você está simplesmente sorrindo sem motivo algum, as pessoas vão pensar que tem um parafuso solto na sua cabeça — por que está sorrindo? Por que está tão feliz? E se diz: "Não sei, estou apenas sendo feliz", sua resposta só irá fortalecer a ideia de que algo deu errado com você.

Mas, se você é infeliz, ninguém perguntará por que é infeliz. Ser infeliz é natural; todo mundo é. Não há nada de especial nisso. Você não está fazendo algo exclusivo.

Inconscientemente, essa ideia continua se estabelecendo em você, de que, a infelicidade é natural, e a felicidade não. A felicidade precisa ser comprovada. A infelicidade não precisa de provas. Lentamente, a ideia se aprofunda em você — em seu sangue, em seus ossos, em sua medula, embora seja naturalmente contra você. Você é forçado a ser um esquizofrênico; você é forçado a algo contra sua natureza. Foi desviado de si mesmo para algo que não é você.

Isso cria toda a infelicidade da humanidade, todos estando onde deveriam não estar, sendo o que deveriam não ser. Porque não podem estar onde precisam estar — onde é seu direito de nascença estar — todos são infelizes. Você vive este estado de afastamento para cada vez mais longe de si mesmo; esqueceu o caminho de volta para casa. Assim, onde quer que esteja, você acha que esse é o seu lugar — a infelicidade tornou-se o seu lar, a angústia tornou-se a sua natureza. O sofrimento foi aceito como saúde, não como doença.

Quando alguém diz: "Largue essa vida infeliz, deixe de lado esse sofrimento que está carregando desnecessariamente", surge uma questão muito significativa: "Isso é tudo o que temos! Se abandonarmos, não seremos ninguém, perderemos a nossa identidade. Pelo menos agora eu sou alguém — alguém infeliz, alguém triste, alguém sofrendo. Se abandonar tudo isso, a dúvida será: Qual é a minha identidade? Quem sou eu? Não conheço o caminho de volta para casa. Você passou a adotar a hipocrisia, a falsa casa que foi criada pela sociedade".

Ninguém quer ficar nu no meio da rua.

É melhor ser infeliz — pelo menos você tem algo para vestir, ainda que seja a infelicidade... não faz mal nenhum, todo mundo usa o mesmo tipo de roupa. Para os que podem pagar, suas infelicidades são caras. Para os que não podem pagar são duplamente infelizes — têm de viver em um tipo de infelicidade pobre, nada de que possam se gabar.

Portanto, existem pessoas ricas e infelizes e pessoas pobres e infelizes. E as pessoas pobres e infelizes fazem o impossível para alcançar de algum modo a condição de pessoas ricas e infelizes. Esses são os dois únicos tipos disponíveis.

O terceiro tipo foi completamente esquecido. O terceiro é a sua realidade e nele não existe nenhuma infelicidade.

A natureza intrínseca do ser humano é a felicidade.

A felicidade não é algo a ser alcançado.

A felicidade já existe; nascemos todos com ela.

Não acontece de a perdermos, simplesmente nos afastamos dela, dando as costas para nós mesmos.

A felicidade está bem atrás de nós; uma simples volta e acontece uma grande revolução.

Mas em todo o mundo existem as falsas religiões dizendo que você é infeliz porque na vida passada cometeu atos do mal. Tudo bobagem. Sim, por que a existência deveria esperar uma vida para puni-lo? Não parece haver necessidade. Na natureza, as coisas acontecem imediatamente. Você põe a mão no fogo nesta vida e na próxima vida será queimado? Estranho! Você será queimado imediatamente, aqui e agora. Causa e efeito estão estreitamente ligados, não pode haver distância.

Mas essas falsas religiões continuam consolando as pessoas: "Não se preocupe. Apenas cometa bons atos, adore mais. Vá ao templo ou à igreja e na próxima vida não será infeliz". Nada parece ter a ver com dinheiro; tudo está na próxima vida. Ninguém volta da próxima vida e diz: "O que essas pessoas estão dizendo são absolutas mentiras".

Religião é dinheiro, nem sequer é um cheque.

Cada religião encontra estratégias diferentes, mas a razão é a mesma. Cristãos, judeus, maometanos, religiões nascidas fora da Índia dizem às pessoas: "Você está sofrendo porque Adão e Eva cometeram um pecado". O primeiro casal, milhares de anos atrás... e nem foi um grande pecado — você o comete todos os dias. Eles simplesmente comeram maçãs, e Deus os proibiu de comer maçãs. A questão não é a maçã, a questão é que eles desobedeceram. Milhares de anos atrás alguém desobedeceu a Deus. E esse alguém foi punido, foi expulso do Jardim do Éden, expulso do paraíso de Deus. Por que estamos sofrendo? — porque eles eram nossos antepassados.

Na realidade o que acontece é algo totalmente diferente. Não é uma questão de cometer atos malignos, é a questão de você ter sido subtraído de si mesmo, de sua felicidade natural. E nenhuma religião quer que você seja feliz com tanta facilidade; caso contrário, que acontecerá com suas disciplinas? O que acontecerá com suas ótimas doutrinas, as suas práticas ascéticas?

Se deixar de lado a infelicidade é tão fácil quanto eu digo, então todas essas falsas religiões perdem seus negócios. A questão são os negócios delas. A felicidade deve ser tão difícil — quase impossível — que as pessoas só podem esperar por ela em alguma vida futura, depois de longas jornadas árduas.

Mas eu lhe afirmo com autoridade: aconteceu comigo muito facilmente. Eu também vivi muitas vidas passadas e com certeza devo ter cometido mais atos malignos do que qualquer um de vocês — porque não considero que sejam atos malignos. A apreciação da beleza, a apreciação do gosto, a apreciação de tudo o que torna a vida mais suportável, mais agradável, não são coisas más para mim.

Quero que você se torne mais sensível, esteticamente sensível a todas essas coisas. Elas te tornarão mais humano, lhe darão maior suavidade, mais gratidão em relação à existência.

E comigo essa não é uma questão teórica. Acabei de aceitar o nada como uma porta — a que chamo de meditação, que não é senão um outro nome para o nada. No momento em que o nada acontece, de repente, você está de pé cara a cara consigo mesmo, toda infelicidade desaparece.

A primeira coisa que você faz é simplesmente rir de si mesmo, da pessoa idiota que tem sido. Aquela infelicidade nunca existiu; você a criava com uma das mãos e tentava destruí-la com a outra — e, naturalmente, vivia dividido em uma condição esquizofrênica.

Isso é absolutamente fácil, simples.

A coisa mais simples que existe é ser você mesmo.

Não requer nenhum esforço; você já é.

Basta uma lembrança... simplesmente abandone todas as ideias estúpidas que a sociedade lhe impôs. Isso é tão simples quanto uma cobra escapar de sua antiga pele e nunca mais olhar para trás. É apenas uma pele velha.

Se você entender isso, poderá fazer acontecer neste exato momento.

Porque, neste momento, você é capaz de ver que não existe infelicidade, nem angústia.

♦ Decodificando os condicionamentos negativos da vida ♦

Você está em silêncio, parado na porta do nada; basta um passo à frente e terá encontrado o maior tesouro que o esperava por milhares de vidas.

CONSCIENTIZE-SE DA FELICIDADE

Normalmente, a mente está sempre consciente da dor, nunca da felicidade. Se tiver uma dor de cabeça, terá consciência dela. Quando não sente dor de cabeça, não está consciente do bem-estar da cabeça. Quando o corpo dói, você toma consciência disso, mas quando o corpo está perfeitamente saudável não tem consciência da saúde.

Essa é a principal causa pela qual nos sentimos tão infelizes: toda a nossa consciência está focada na dor. Só contamos os espinhos — nunca olhamos para as flores. De algum modo, escolhemos os espinhos e negligenciamos as flores. Se somos feridos e continuamente feridos, não há surpresa nisso; precisa ser assim. Por uma certa razão biológica, acontece: a natureza faz você perceber a dor para que possa evitá-la.

É um sistema integrado. Caso contrário, sua mão pode queimar sem que você tome consciência disso; ficaria difícil sobreviver. Assim, a natureza tornou muito essencial e inevitável que você tenha consciência da dor. Mas a natureza não tem um mecanismo interno para torná-lo consciente do prazer, da alegria, da felicidade. Isso precisa ser aprendido, deve ser exercitado. Isso é uma arte.

A partir deste momento, comece a tomar consciência de coisas que não são naturais. Por exemplo, seu corpo está se sentindo perfeitamente saudável: sente-se em silêncio, tome consciência disso. Desfrute o bem-estar. Nada está errado — divirta-se! Faça um esforço deliberado para estar consciente disso. Você comeu bem e o corpo está satisfeito, contente; torne-se consciente disso.

Quando você está com fome, a natureza o faz consciente disso, mas a natureza não tem um sistema para fazer você consciente de quando você está saciado; isso precisa ser cultivado. A natureza não precisa desenvolvê-lo porque a sobrevivência é tudo o que ela quer; mais do que isso, é luxo. Felicidade é luxo, o maior luxo.

Essa é a minha observação sobre por que as pessoas são tão infelizes — elas não são realmente tão infelizes quanto parecem. Têm muitos momentos de grande alegria, mas esses momentos passam; elas nunca se tornam conscientes deles. Suas lembranças permanecem cheias de dores e feridas. Sua mente permanece cheia de pesadelos. Não que não haja belos sonhos e visões poéticas — eles também estão presentes, mas ninguém está lá para tomar nota deles. Em 24 horas, acontecem milhares de coisas sobre as quais você se sentiria grato a Deus, mas você não toma nota!

Isso deve ser iniciado a partir deste momento. Você ficará surpreso que a felicidade aumente cada vez mais, todos os dias, e, proporcionalmente, a dor e a infelicidade se tornem cada vez menores. Virá um momento em que a vida se torna quase uma celebração. A dor acontece apenas de vez em quando e essa dor faz parte do jogo. Não nos distraímos por causa dela, não nos perturbamos com ela. Simplesmente aceitamos.

Se você gosta da saciedade que acontece depois de ter comido, naturalmente sabe que, quando estiver com fome, haverá um pouco de sofrimento... e isso é bom. Depois de ter dormido uma boa noite de sono pela manhã está se sentindo recuperado e reavivado, rejuvenescido, naturalmente, se uma noite você não puder dormir, haverá uma pequena agonia, mas isso faz parte do jogo.

Pela minha própria experiência a vida consiste em 99% de felicidade e 1% de dor. Mas a vida das pessoas consiste em 99% de dor e 1% de felicidade; tudo está de cabeça para baixo.

Torne-se cada vez mais consciente do prazer, da alegria, do que é positivo, das flores, dos frisos brancos entre as nuvens escuras e sombrias.

3

Condições básicas para o bem-estar

Ouça o corpo. O corpo não é seu inimigo, e quando o corpo disser alguma coisa, faça, porque o corpo tem uma sabedoria própria. Não o perturbe, não viaje mentalmente. Eu não ensino regras rígidas, simplesmente dou um sentido à consciência. Ouça o seu corpo.

O corpo é seu amigo; não é seu inimigo. Ouça a sua linguagem, decodifique a sua linguagem e, de vez em quando, ao entrar no livro do corpo e virar suas páginas, você se tornará consciente de todo o mistério da vida. Condensado como está, no seu corpo. Ampliado um milhão de vezes, está em todo o mundo. Mas condensado em uma fórmula singela, ele está lá, presente, no seu corpo.

FAÇA CONTATO COM O CORPO

Você não está em contato com muitas coisas em seu corpo, está apenas carregando seu corpo. Contato significa sensibilidade profunda. Você pode até não sentir seu corpo. Acontece que só quando está doente é que sente seu corpo. Acontece uma dor de cabeça, então você sente a cabeça; sem a dor de cabeça não há contato com ela. Surge uma dor na perna, você toma consciência da perna. Você só toma consciência quando algo dá errado.

♦ O equilíbrio entre corpo e mente ♦

Se tudo está bem, você permanece completamente inconsciente e, realmente, esse é o momento em que o contato pode ser feito — quando tudo está bem — porque, quando algo dá errado, esse contato é feito com a doença, com algo que deu errado e o bem-estar não está mais presente. Você sente a cabeça agora, a dor de cabeça vem e você faz o contato. O contato é feito não com a cabeça, mas com a dor de cabeça. O contato verdadeiro só é possível quando não existe dor e a cabeça está cheia de bem-estar. No entanto, quase perdemos essa capacidade. Não fazemos nenhum contato quando estamos bem. Portanto, nosso contato é apenas uma medida de emergência. Acontece uma dor de cabeça: alguns reparos são necessários, alguns medicamentos são necessários, é preciso fazer alguma coisa, então você faz o contato e toma a providência.

Tente entrar em contato com seu corpo quando tudo estiver bem. Simplesmente, deite-se sobre a grama, feche os olhos e sinta o que está acontecendo dentro de si, o bem-estar que surge. Deite-se nas águas rasas de um rio. A água toca o seu corpo e cada célula é refrescada. Sinta dentro de si como esse frescor alcança célula por célula, penetra profundamente no corpo. O corpo é um fenômeno excepcional, um dos milagres da natureza.

Sente-se ao sol. Deixe os raios solares penetrarem seu corpo. Sinta o calor à medida que ele se espalha, enquanto se aprofunda, pois ele toca suas células sanguíneas e atinge os ossos. E o sol é a vida, a própria fonte. Então, com os olhos fechados, sinta o que está acontecendo. Mantenha-se alerta, observe e divirta-se. De vez em quando, você tomará consciência de uma harmonia muito sutil, uma música muito bonita entrando e percorrendo continuamente seu corpo. Você toma contato com o corpo; caso contrário, você carrega um cadáver.

É assim: uma pessoa que adora seu carro tem um tipo diferente de contato e de relacionamento com o carro do que uma pessoa que não liga para o carro. Uma pessoa que não adora carros dirige e trata seu carro como um mecanismo, mas aquele que adora carros toma consciência até mesmo da menor mudança em seu funcionamento, até a menor mudança de som. Alguma coisa mudou em seu carro e no mesmo instante a pessoa toma consciência disso. Ninguém mais percebeu; os passageiros ali sentados não ouviram nada. Mas uma ligeira alteração no som do motor, qualquer clique, qualquer mudança, e a pessoa que adora seu carro se tornará consciente disso. Ela tem um contato profundo com ele. Não está apenas dirigindo, o carro não é apenas um mecanismo; ao contrário, a pessoa como que se projetou em seu carro e permitiu que ele entrasse em sua consciência.

Seu corpo pode ser usado como um mecanismo, você não precisa ter muita sensibilidade em relação a ele. O corpo vive dizendo muitas coisas que você nunca ouve, porque não tem contato com ele...

Na Rússia, novas pesquisas foram feitas há algumas décadas e os cientistas concluíram muitas coisas. Um resultado muito revelador é este: sempre que acontece uma doença, durante seis meses, continuamente antes de acontecer, o corpo envia sinais para você. Seis meses é bastante tempo! Uma doença vai acontecer em 1975 e em meados de 1974 o corpo já começa a lhe enviar sinais — mas você não percebe, você não entende, você não sabe. Depois que a doença já aconteceu, só então vai tomar consciência. Ou, mesmo assim, talvez não esteja nem ciente — seu médico é quem primeiro percebe que você tem algum problema dentro de si.

Uma pessoa envolvida nessas pesquisas durante muitos anos desenvolveu filmes e câmeras capazes de detectar uma doença antes que ela realmente aconteça. Com isso, é possível dizer que a doença pode ser tratada e o paciente jamais se dará conta de saber se ela existia ou não. Se um câncer vai acontecer no próximo ano, ele pode ser tratado agora. Não há indicações físicas, mas já, na eletricidade do corpo, alguns aspectos estão mudando — não no corpo, na eletricidade do corpo, na bioenergia, as coisas estão mudando. Primeiro, as mudanças acontecem no nível da bioenergia e depois elas descem ao nível físico.

Se os sintomas puderem ser tratados na camada da bioenergia, nunca chegarão ao corpo físico.

Graças a essa pesquisa, no próximo século será possível que ninguém precise adoecer, não haverá mais necessidade de ir ao hospital. Antes que a doença realmente chegue ao corpo, ela já poderá ser tratada, porém, antes deverá ser detectada por um dispositivo mecânico. Você não é capaz de detectá-la, apesar de ser quem habita o seu corpo. Não existe esse contato.

◆ O equilíbrio entre corpo e mente ◆

Você pode ter ouvido muitas histórias de que os *sannyasins* hindus, os *rishis*, os monges zen e os *bhikkus* budistas, declaram a sua morte antes que acontecesse. E pode se surpreender ao saber que essa declaração sempre é feita seis meses antes de acontecer — nunca mais, sempre seis meses antes. Muitos santos declararam que iriam morrer, mas apenas seis meses antes. Não é acidental, esses seis meses são significativos. Antes que o corpo físico morra, a bioenergia começa a morrer, e uma pessoa que esteja em contato profundo com a sua bioenergia sabe o momento em que sua energia começou a encolher. A vida significa se expandir, a morte significa diminuir. A pessoa sente que a energia da vida está diminuindo; então declara que estará morta dentro de seis meses. Os monges zen são famosos por até mesmo saber escolher como morrer — porque sabem.

Aconteceu uma vez: um monge zen ia morrer, então ele pediu a seus discípulos:

— Sugiram-me como morrer, em que postura.

O homem era um tanto excêntrico, um pouco louco, um velho louco, mas muito bonito. Seus discípulos começaram a rir, pois pensaram que ele podia estar brincando, porque vivia brincando com eles. Então, alguém sugeriu:

— Que tal morrer de pé na esquina do templo?

O homem disse:

— Mas eu ouvi uma história segundo a qual, no passado, um monge morreu de pé, de modo que não seria bom. Sugira algo sem precedente.

Então alguém disse:

— Morra enquanto anda no jardim.

Ele disse:

— Ouvi dizer que alguém na China já morreu andando.

Então alguém sugeriu uma ideia realmente singular:

— Fique em *shirshasana*, a postura de cabeça para baixo e morra.

Ninguém nunca tinha morrido apoiado sobre a cabeça, era muito difícil morrer de cabeça para baixo. Até mesmo dormir com o corpo apoiado sobre a cabeça era impossível; a morte assim seria difícil demais. Se mesmo dormir era impossível, e a morte é o maior sono, era impossível — mesmo o sono comum era impossível.

O homem aceitou a ideia, gostou dela. Então disse:

— Essa é boa.

Os discípulos pensaram que ele estava apenas brincando, mas o mestre fez a posição com o corpo para o alto e a cabeça embaixo. Eles sentiram medo: o que ele está fazendo? O que fazer agora? Pensaram que ele estava quase morto. Era estranho — um morto de pé, de cabeça para baixo. Eles ficaram assustados, então alguém sugeriu:

— Ele tem uma irmã no mosteiro aqui perto, é uma antiga freira. Vão buscá-la. É a irmã mais velha dele e pode fazer alguma coisa a respeito. Ela o conhece bem.

A irmã veio. Diz-se que ela veio e disse:

— Ikkyu — Ikkyu era o nome do monge — não seja tolo! Esse não é o jeito de morrer.

Ikkyu riu, saiu da posição com um salto e disse:

— Tudo bem, então, qual é o jeito certo?

Ela disse:

— Sente-se em *padmasana*, na postura de Buda, e morra. Aquele jeito não é o certo para morrer. Você sempre foi um homem tolo... todos irão rir.

Diz-se que ele se sentou na postura de Buda e morreu, e depois a irmã foi embora. Mas como ele podia decidir que iria morrer? E até mesmo escolher a postura! A bioenergia tinha começado a encolher, ele era capaz de sentir isso — no entanto, essa sensação acontece apenas quando se tem um contato profundo não só com a superfície do corpo, mas com as suas raízes.

Comece tentando ser cada vez mais sensível ao seu corpo. Ouça o seu corpo; ele vive lhe dizendo coisas, mas você é tão centrado na cabeça que nunca lhe dá ouvidos. Sempre que houver um conflito entre seu corpo e sua mente, o corpo quase sempre estará certo, mais do que a mente, porque o corpo é natural, a mente é social; o corpo pertence a esta vasta natureza e a mente pertence à sociedade, a esta sociedade em particular, a esta época, a este tempo. O corpo tem raízes profundas na existência, a mente está apenas vagando na superfície. Mas você sempre escuta a mente, nunca escuta o corpo. Por causa desse hábito antigo, o contato se perdeu.

Você tem um coração e o coração é a raiz, mas você não tem nenhum contato com ele. Antes de mais nada, comece a ter contato com o corpo. Em breve, vai perceber que todo o corpo vibra ao redor do centro do coração, assim como todo o sistema solar se move ao redor do sol. Os hindus chamam o coração de o sol do corpo. Todo o corpo é um sistema solar e se move ao redor do coração. Você ficou vivo quando o coração começou a bater, você morrerá quando o coração parar de bater. O coração é o centro solar do seu corpo. Preste atenção a isso. Mas só vai desenvolver essa atenção, pouco a pouco, depois de começar a prestar mais atenção a todo o corpo.

SEJA FIEL A SI MESMO

Lembre-se de ser fiel a si mesmo. Como? Três coisas devem ser lembradas. Primeira, nunca dê ouvidos a ninguém, ao que dizem para ser: sempre ouça a sua voz interior, o que você gostaria de ser. Caso contrário, estará desperdiçando toda a sua vida.

Mil e uma são as tentações ao seu redor, porque muitas pessoas estão vendendo suas coisas. É um supermercado, o mundo e todos estão interessados em vender o que têm para você; todos são vendedores. Se der ouvido a muitos vendedores, ficará louco. Não escute ninguém, feche os olhos e ouça a voz interior. Isso é o que é a meditação: ouvir a voz interior. Essa é a primeira coisa.

A segunda coisa — se já faz a primeira, então a segunda torna-se possível: nunca use uma máscara. Se estiver com raiva, fique com raiva. É um risco que você corre, mas não sorria, porque isso é ser falso. Ensinaram-lhe que quando estiver com raiva, deve sorrir; mas assim, seu sorriso torna-se falso, uma máscara... só um exercício dos lábios, nada mais. O coração cheio de raiva, envenenado, e os lábios sorrindo — você se torna um fenômeno falso.

Acontece outra coisa também: quando quer sorrir, não consegue. Todo o seu organismo fica confuso, porque quando você quis estar com raiva, não esteve, quando quis odiar, não odiou. Agora, você quer amar; e, de repente, percebe que seu organismo não funciona. Agora, você quer sorrir; precisa forçar o sorriso. Na realidade, seu coração está cheio de sorrisos e você quer rir alto, mas não consegue, algo está sufocando seu coração, sufocando a sua garganta. O sorriso não acontece, ou mesmo se acontecer, é muito sem graça e sem vida. Esse sorriso não o deixa feliz. Você não se entusiasma com ele. Você não irradia nada com ele.

Quando ficar com raiva, expresse a sua raiva. Não há nada de errado em expressar a raiva. Se tiver vontade de rir, ria com vontade. Não há nada de errado em rir alto. Pouco a pouco, você vai perceber que todo o seu organismo está funcionando. Quando ele funciona, parece que emite um zumbido harmonioso, assim como um carro murmura quando tudo está indo bem. O motorista que adora carros sabe que tudo está correndo bem, há uma unidade orgânica — o mecanismo está funcionando bem. É possível ver: sempre que o organismo de uma pessoa está funcionando bem, o ouve emitir um rumor harmonioso. A pessoa caminha, e seu andar tem uma cadência especial, como em uma dança. A pessoa fala, e suas palavras saem carregadas de uma poesia sutil. A pessoa o olha, e o faz com convicção, com sinceridade; não é apenas um olhar morno, é realmente quente. Quando ela o toca, está realmente tocando; você sente sua energia emanando de seu corpo, uma corrente de vida sendo transferida... porque seu organismo está funcionando bem.

Não use máscaras, caso contrário vai criar disfunções em seu organismo — bloqueios. Existem muitos bloqueios em seu corpo. Uma pessoa que reprime a raiva fica com o queixo bloqueado. Toda a raiva sobe até o queixo e para por aí. Suas mãos ficam feias. Elas não têm o movimento gracioso de um dançarino, não, porque a raiva entra nos dedos — e os bloqueia. Lembre-se, a raiva tem dois pontos pelos quais deve ser liberada. Um, são os dentes, o outro, são os dedos: porque todos os animais quando estão com raiva, querem atacar com os dentes e com as pontas das patas. Portanto, as unhas e os dentes são os dois pontos por onde a raiva é liberada.

Desconfio que, sempre que a raiva é reprimida demais, as pessoas têm problemas de dentes. Seus dentes tornam-se feios porque acumulam muita energia que não foi liberada. Quem reprime a raiva acaba comendo mais; as pessoas com raiva comem sempre mais, porque os dentes precisam de algum exercício. As pessoas com raiva fumam mais. As pessoas com raiva falam mais; podem se tornar faladoras obsessivas porque, de algum modo, o maxilar precisa de exercícios para que a energia seja um pouco liberada. E as mãos das pessoas com raiva ficam contraídas, feias; se a energia fosse liberada, elas poderiam ter-se tornado belas.

O que quer que você reprima, qualquer emoção que seja, existe no corpo uma parte correspondente a essa emoção. Se você não chorar, seus olhos perderão o brilho, porque as lágrimas são necessárias, elas são um fenômeno muito vivo. Se às vezes você chorar quando tiver vontade — quando assumir a tristeza — as lágrimas começarão a correr e seus olhos ficarão limpos, tornando-se frescos, jovens e virgens. É por isso que as mulheres têm olhos mais bonitos, porque ainda são capazes de chorar. Os homens perderam os olhos porque têm a noção errada de que não devem chorar. Se um menino chora, os outros, até mesmo os pais, dizem: "O que você está fazendo? Está querendo dar uma de maricas?" Isso é um absurdo, porque Deus deu a todos, homens e mulheres, as mesmas glândulas lacrimais. Se o homem não devesse chorar, não teria glândulas lacrimais. Pense um pouco: por que as glândulas lacrimais existem no homem na mesma proporção que existem na mulher? Os olhos precisam chorar e lacrimejar, e é realmente lindo ser capaz de chorar de todo o coração.

Lembre-se, se você não for capaz de chorar de todo o coração, também não será capaz de rir, porque essa é a outra polaridade. As pessoas capazes de rir, também são capazes de chorar; as pessoas que não são capazes de chorar, não são capazes de rir. Você pode ter observado às vezes em crianças: se elas riem alto e bastante, logo começam a chorar — porque as duas coisas andam juntas. Ouvi mães dizendo aos filhos: "Não ria demais, senão você vai começar a chorar". Realmente, é verdade, porque os fenômenos não são diferentes, é apenas a mesma energia que se move para polos opostos.

Concluindo a segunda coisa: não use máscaras — seja verdadeiro, não importa qual seja o custo disso.

E a terceira coisa sobre a autenticidade: permaneça sempre no presente, porque toda falsidade se manifesta ou pelo passado, ou pelo futuro. O que passou, passou — não se preocupe com isso. Não carregue o presente como um fardo; caso contrário, isso não vai permitir que você seja autêntico nele. Tudo o que ainda não aconteceu, ainda não chegou — não se incomode desnecessariamente com o futuro; caso contrário, isso vai se imiscuir no presente e destruí-lo. Seja fiel ao presente e você será autêntico. Viver o aqui e agora é ser autêntico.

♦ Condições básicas para o bem-estar ♦

RELAXE NA VIDA, SEJA COMO FOR

A sociedade com certeza o prepara para a atividade, para a ambição, para a velocidade, para a eficiência. Não o prepara para relaxar, não fazer nada e descansar. A sociedade condena todos os tipos de ociosidade gerada pela preguiça. Condena as pessoas que não estão ativas, porque toda a sociedade está loucamente ativa, tentando chegar a algum lugar. Ninguém sabe aonde chegar, mas todos estão preocupados: "Vá mais rápido!".

Ouvi contar a história de um homem e sua esposa que dirigiam em uma estrada o mais rápido que podiam. A esposa falava com o homem de vez em quando:

— Procure seguir o mapa.

E o homem respondia:

— Fique quieta. Cale a boca! Sou eu que estou dirigindo. Não importa para onde vamos, o importante é irmos rápido. O que importa é a velocidade.

No mundo, ninguém sabe para onde vai e por que está indo.

Existe uma anedota muito famosa sobre George Bernard Shaw. Ele estava viajando de Londres para algum outro lugar e o condutor do trem apareceu para conferir sua passagem. Ele procurou em todos os bolsos, na maleta de mão e até abriu a mala. O condutor do trem disse:

— Eu o conheço. Todo mundo o conhece. Você é George Bernard Shaw. Você é um homem mundialmente famoso. A passagem deve estar aí, deve ter-se esquecido de onde a guardou. Não se preocupe. Deixe estar.

George Bernard Shaw disse ao homem:

— Você não entendeu o meu problema. Não estou procurando a passagem apenas para lhe mostrar. Quero saber para onde vou. Essa passagem estúpida... se ela se perder, estarei perdido. Acha que estou procurando a passagem por sua causa? Então me diga para onde estou indo.

O condutor do trem disse:

— Isso é demais. Eu estava apenas tentando ajudá-lo. Não se preocupe. Talvez consiga se lembrar depois, quando chegar à estação. Como posso dizer aonde você está indo?

Todo mundo está na mesma situação. É bom que não existam condutores espirituais por perto para verificar:

♦ O equilíbrio entre corpo e mente ♦

— Para onde você está indo?

Caso contrário, simplesmente, vai ficar sem resposta. Você tem ido o tempo todo, não há dúvida quanto a isso. A vida inteira você tem ido a algum lugar. Mas, na verdade, não sabe para onde está indo.

Você vai chegar ao cemitério, essa é uma coisa certa. Esse é o único lugar ao qual você não está indo, o único lugar ao qual ninguém quer ir, contudo, em algum momento chegará lá. Esse é o terminal onde todos os trens acabam chegando, afinal. Se não tiver a passagem, aguarde o fim da viagem. E então você ouve:

— Pode descer. O trem não vai mais a lugar algum.

Toda a sociedade está voltada para o trabalho. É uma sociedade trabalhadora. Não quer que você aprenda sobre o relaxamento, por isso, desde a infância, coloca em sua mente ideias contra o relaxamento.

Não estou dizendo para relaxar o dia inteiro. Faça seu trabalho, mas descubra um tempo para si mesmo, e isso só pode ser encontrado no relaxamento. Você ficará surpreso ao descobrir que, se puder relaxar por uma ou duas horas a cada 24 horas, isso lhe dará uma visão mais profunda sobre si mesmo.

O relaxamento mudará seu comportamento externamente — você vai ficar mais calmo, mais calado. Também vai mudar seu trabalho para melhor — ele ficará mais artístico e mais gracioso. Você vai cometer menos erros do que costumava cometer antes, porque vai ficar mais compenetrado, mais centrado.

O relaxamento tem poderes milagrosos. Não é uma atividade preguiçosa. A pessoa relaxada pode parecer, vista de fora, como se não estivesse trabalhando em nada, mas sua mente está funcionando com a maior rapidez possível; e a pessoa toda está relaxada — seu corpo está relaxado, sua mente está relaxada, seu coração está relaxado.

Basta relaxar nas três camadas possíveis por duas horas, corpo, mente e coração, e você ficará como que ausente. Nessas duas horas, seu corpo se recupera, seu coração se recupera, sua inteligência se recupera, e você percebe em seu trabalho toda essa recuperação.

Quem pratica o relaxamento não é um perdedor — embora não seja mais tão frenético, não estará desnecessariamente correndo de um lado para outro. Simplesmente, vai diretamente ao ponto em que quer ir. Faz as coisas que precisam ser feitas; não faz perguntas triviais desnecessárias. Diz apenas o que é necessário dizer. Suas palavras se tornam telegráficas; seus movimentos se tornam graciosos; sua vida se torna uma poesia.

O relaxamento pode transformá-lo maravilhosamente — e é uma técnica muito simples. Não exige muita coisa: só durante alguns dias você vai achar difícil, por causa dos velhos hábitos. Quebrar os velhos hábitos leva alguns dias.

O relaxamento, a cada vez mais profundo, acaba por tornar-se meditação.

Meditação é o nome do relaxamento mais profundo.

ADMITA A SABEDORIA DO CORPO

O corpo tem grande sabedoria — admita. Admita cada vez mais e deixe que o corpo siga sua própria sabedoria. Sempre que tiver tempo, simplesmente relaxe. Deixe a respiração seguir por conta própria, não interfira. Nosso hábito de interferir tornou-se tão arraigado que nem conseguimos respirar sem interferir. Se você observar a respiração, perceberá imediatamente que começou a interferir: você começa a respirar profundamente ou a expirar mais. Não é necessário interferir em nada. Simplesmente, deixe a respiração continuar como está; o corpo sabe exatamente do que precisa. Se precisar de mais oxigênio, ele vai respirar mais; se precisar de menos oxigênio, respirará menos.

Apenas deixe tudo com o corpo! Torne-se absolutamente não interferente. E caso sinta alguma tensão em algum ponto, relaxe essa região. Lentamente, bem devagar... primeiro comece enquanto está sentado, descansando, depois, enquanto está fazendo outras coisas. Se estiver limpando o chão, trabalhando na cozinha ou no escritório — mantenha esse relaxamento. A ação não precisa ser uma interferência em seu estado relaxado. Você começa a sentir uma beleza, uma grande beleza, em sua atividade. Sua atividade terá o sabor de meditatividade.

Mas as pessoas continuam a fazer esforços desnecessários. Às vezes, seus esforços são suas barreiras; seus esforços são os problemas que estão criando.

◆ O equilíbrio entre corpo e mente ◆

Havia muita confusão no centro da cidade durante a grande tempestade de neve. O mulá Nasruddin foi ajudar uma senhora gorda a entrar em um táxi. Depois de se esforçar, empurrar e escorregar no gelo, ele diz à mulher que acha que não conseguirá fazê-la entrar.
Ela diz:
— Entrar? Eu estou tentando sair!

◆

Simplesmente observe... Existem coisas que se você empurrar, vai errar. Não empurre o rio e não tente nadar contra a correnteza. O rio corre para o mar por conta própria — basta acompanhá-lo, fazer parte da sua jornada. Isso o levará ao princípio fundamental.

Se relaxarmos, saberemos; se não relaxarmos, não saberemos. O relaxamento é a porta para esse conhecimento excepcional — a iluminação.

UMA SINFONIA DE ALEGRIA

Realmente, a alegria só significa que seu corpo está em uma sinfonia, nada mais — que seu corpo está em um ritmo musical, nada mais. Alegria não é prazer; o prazer deve ser derivado de outra coisa. Alegria é apenas ser você mesmo — vivo, totalmente vibrante, cheio de vida. A sensação de uma música sutil ao redor de seu corpo e dentro do seu corpo, uma sinfonia — que é alegria. Você pode ser alegre quando seu corpo está fluindo, quando flui como um rio.

Um organismo saudável é sempre capaz de alcançar picos de orgasmo. É orgástico. Vive emanando, fluindo.

Quando uma pessoa feliz ri, é como se risse com o corpo inteiro. Não são apenas os lábios, não é apenas o rosto. Dos pés à cabeça, ela ri como um organismo total. Ondas de riso fluem por todo o seu ser. Toda a sua bioenergia torna-se ondulada com o riso. Ela está dançando. Quando uma pessoa saudável está triste, está triste de verdade, totalmente triste. Quando uma pessoa saudável está com raiva, está com raiva de verdade, totalmente com raiva. Quando faz amor, ela é amor; nada mais. Quando faz amor, só faz amor.

♦ Condições básicas para o bem-estar ♦

Na verdade, dizer que essa pessoa faz amor não é certo. A expressão dita assim é vulgar, porque o amor não pode ser feito. Não é que ela faça amor — ela é amor. Ela não é nada além da energia do amor. E é assim que ela é em tudo o que faz. Se está caminhando, é apenas uma energia caminhante. Não há um caminhante nela. Se está cavando um buraco, é apenas a escavação.

Uma pessoa saudável não é uma entidade; é um processo, um processo dinâmico. Podemos dizer que uma pessoa saudável não é um substantivo, mas um verbo... não é um rio, mas o processo de ser um rio. Ela está fluindo continuamente em todas as dimensões, transbordando. E qualquer sociedade que impeça isso é patológica. Qualquer pessoa inibida nesse processo, de qualquer maneira é patológica, desequilibrada. Assim, apenas uma parte, não o todo, está funcionando.

Muitas mulheres não sabem o que é o orgasmo. Muitos homens não sabem o que é um orgasmo total. Muitos conseguem apenas um orgasmo local, um orgasmo genital, confinado aos órgãos genitais. Apenas uma pequena ondulação nos órgãos genitais — e terminou. Não é como uma possessão, quando todo o corpo se agita em uma banheira de hidromassagem e você se perde em um abismo. Por alguns momentos, o tempo para e a mente não funciona. Por alguns momentos, você não sabe quem é. Isso é um orgasmo total.

O ser humano é doente e patológico porque a sociedade o prejudicou de muitas maneiras. Você não tem permissão para amar totalmente, você não tem permissão para se irritar; você não tem permissão para ser você mesmo. Você é vítima de mil e uma limitações.

Se realmente deseja ser saudável, deve se desinibir. Deve desfazer tudo o que a sociedade fez com você. Essa sociedade é muito criminosa, mas é a única sociedade que temos, então nada pode ser feito agora. Cada um de nós precisa abrir seu próprio caminho para sair dessa sociedade patológica, e a melhor maneira é começar a tornar-se orgástico de todos os modos possíveis.

Se for nadar, então nade, mas nade como um ser total, para que você se torne o ato de nadar, um verbo; o substantivo é dissolvido. Se correr, então corra; torne-se o ato de correr, não o corredor. Nas olimpíadas existem os corredores, egos, competidores... ambiciosos. Se você puder simplesmente correr sem que o corredor esteja presente, essa corrida se torna zen; torna-se meditativa. Dance, mas não se torne um dançarino, porque o dançarino começa a manipular e, por isso, ele não é total. Apenas dance e deixe a dança levá-lo aonde quer que seja.

Admita a vida, confie na vida e, pouco a pouco, a vida eliminará todas as suas inibições e a energia começará a fluir para todos os cantos a que foi impedida.

Não importa o que faça na vida, mas faça com essa ideia oculta de que precisa se tornar mais maleável. Se segurar a mão de alguém, segure-a de verdade. Você a está segurando mesmo, então por que desperdiçar o momento? Segure-a de verdade! Não permita que sejam só duas mãos mortas se segurando, cada uma perguntando quando a outra vai se afastar. Se você conversar, então que a conversa seja apaixonada, caso contrário você vai aborrecer os outros e a si mesmo também. A vida deve ser uma paixão, uma paixão vibrante, uma paixão pulsante, uma tremenda energia. Tudo o que você fizer não deve ser aborrecido, caso contrário, não o faça. Não há obrigação de fazer nada, mas o que quiser fazer, faça de verdade.

Todas as inibições vão desaparecer pouco a pouco e você vai recuperar a sua vida como um todo. Vai recuperar o seu corpo; vai recuperar a sua mente. A sociedade estragou o corpo, a mente — tudo. Foram lhe dadas certas escolhas; restaram apenas algumas fendas muito estreitas e você só pode ver através dessas fendas. Não tem permissão para ver a totalidade.

RIA E SEJA UM TODO

O humor junta as suas partes separadas, o humor cola seus fragmentos em um todo. Não percebeu isso? Quando você dá uma risada saudável, de repente todos os fragmentos desaparecem e você se recompõe como uma unidade.

Quando você ri, sua alma e seu corpo são uma coisa só — eles riem juntos. Quando pensa, seu corpo e sua alma estão isolados. Quando chora, seu corpo e sua alma são uma coisa só; funcionam em harmonia.

Lembre-se sempre: todas essas coisas são boas e são para o bem, tornando você uma coisa só, um todo. Rir, chorar, dançar, cantar — tudo isso faz de você uma peça que funciona em harmonia, não isoladamente. O pensamento pode continuar na cabeça e o corpo pode continuar fazendo mil e uma coisas; você pode continuar comendo e a mente pode continuar pensando. Isso é divisão. Você caminha na rua: o corpo andando e você pensando. Entretanto, não pensa na rua, não pensa nas árvores ao redor, não pensa no sol, não pensa nas pessoas que passam, mas pensa em outras coisas, de outros mundos.

Ria, e se a risada for realmente profunda, se não for apenas uma pseudorrisada, se não for apenas nos lábios, de repente, você sentirá que seu corpo e sua alma funcionam juntos. Não acontece só no corpo, é algo mais profundo, no seu âmago. O riso surge do seu próprio ser e se espalha em volta. Você é alguém que ri.

◆

Em uma cidade balneária da Nova Inglaterra, vivia um homem tão feio que era o motivo de todas as piadas que os moradores da cidade contavam. Um cirurgião plástico que visitou o balneário em férias ficou tão sensibilizado com sua feiura que se ofereceu para transformar seu rosto sem cobrar nada.

— Na verdade — disse ele —, só por prazer, vou fazer uma cirurgia plástica que o tornará o homem mais bonito da Nova Inglaterra.

Pouco antes de submeter o homem ao seu bisturi, o cirurgião diz:
— Você quer que eu mude seu rosto por completo, totalmente?
— Não — responde o homem —, não muito. Quero que o pessoal saiba quem é que está tão bonito.

É assim que o ego funciona. Você quer que as pessoas saibam quem é que é tão bonito. Você quer que as pessoas saibam quem é o mais manso, o mais humilde, quem é que está no fim da fila. Se esse desejo se manifesta, minimamente que seja, o ego está completamente vivo, crescendo. Nada mudou. Só a mudança total é verdadeira.

◆

Hymie Goldberg perdeu muito dinheiro no mercado de ações e está arrasado. Ele vai ao médico e diz:
— Doutor, doutor, minhas mãos não param de tremer.
— Diga-me — diz o médico —, você está bebendo muito?

♦ O equilíbrio entre corpo e mente ♦

— Não consigo — diz Hymie —, derramo a maior parte da bebida.
— Entendo — diz o médico e depois submete Hymie a um exame minucioso. Ao terminar ele diz: — Diga-me, você sente um formigamento nos braços, dores nos joelhos e tonturas repentinas?
— Sim — responde Hymie —, é exatamente isso que sinto.
— Estranho — diz o médico — eu... fico me perguntando do que se trata.
Então o médico consulta as suas anotações por vários minutos antes de erguer os olhos e dizer:
— Diga-me, você já teve isso antes?
— Sim — diz Hymie —, já tive.
— Bem, aí está — responde o médico, pressionando a campainha para chamar o próximo paciente. — Você está tendo de novo!

♦

Fred volta do médico com uma aparência horrível. Então, conta à esposa Becky que o médico avisou que ele morrerá antes do amanhecer. Ela o abraça, eles choram um pouco e Becky sugere irem dormir cedo para fazer amor pela última vez.
Eles fazem amor até que Becky adormece, mas Fred tem medo de dormir porque é sua última noite na terra. Ele fica acordado no escuro enquanto Becky ronca.
Fred sussurra ao ouvido da esposa:
— Becky, por favor, mais uma vez, em nome dos velhos tempos.
Mas Becky continua roncando.
Fred olha para o relógio, inclina-se para a esposa e a agita com força:
— Por favor, Becky, só mais uma vez, em nome dos velhos tempos!
Becky simplesmente olha para ele e diz:
— Fred, como é que você pode ser tão egoísta? A sua situação está resolvida, mas eu preciso me levantar cedo.

Todos os idosos fazem isso em toda parte, em todas as famílias, só para testar o sossego de seus parentes.

♦

Hymie Goldberg sentia-se muito triste: a esposa estava doente, então ele chamou o médico.

♦ Condições básicas para o bem-estar ♦

Depois de examinar a sra. Goldberg, o médico diz a Hymie:
— Receio que tenha uma má notícia: sua esposa tem poucas horas de vida. Espero que entenda que não há mais nada a fazer. Não se permita sofrer.
— Está tudo bem, doutor — diz Goldberg —, sofri por quarenta anos, posso sofrer por algumas horas mais.

Basta lembrar a definição de saúde. Quando você não sente seu corpo, seu corpo está saudável. Você só sente a cabeça quando tem dor de cabeça. Quando não tem dor de cabeça, é como se não tivesse cabeça — ela simplesmente está leve, não pesa nada. Quando as suas pernas doem, você as sente. Quando elas não doem, é como se não existissem. Quando o corpo está saudável... a minha definição de saúde é que você está absolutamente inconsciente de sua existência, estar consciente não faz a menor diferença.

E o mesmo se aplica a uma mente saudável. Só sentimos a mente quando ela está insana. Quando a mente está sã, tranquila, não a sentimos. Quando o corpo e a mente estão tranquilos, você sente mais facilmente a sua alma dando risada. Não há necessidade de ser sério.

♦

Hymie Goldberg vai ao seu médico, sentindo-se muito deprimido, preocupado com questões de dinheiro.
— Relaxe — diz o médico —, apenas há duas semanas atendi outro sujeito que estava chateado porque não podia pagar as contas do alfaiate. Eu disse a ele para esquecê-las e agora ele está se sentindo bem.
— Eu sei — diz Goldberg —, eu sou o alfaiate dele.

Existem essas situações... Mas, se você estiver um pouco alerta, mesmo na situação de Hymie Goldberg, você teria rido. Tais situações ridículas você encontra em todos os lugares. A vida está cheia dessas situações.

♦

Um homem entra no ônibus com no mínimo uma dúzia de crianças. Uma velhinha pergunta se elas são todas dele.
— Claro que não — diz o homem. — Eu sou um vendedor de contraceptivos e estas são as reclamações.

♦ O equilíbrio entre corpo e mente ♦

Basta olhar ao redor, você encontrará todos os tipos de situações. Aprenda a arte de curti-las.

♦

Joe foi mordido por um cachorro. A ferida demorou muito para sarar, então ele foi ao médico, que pediu que lhe trouxessem o cachorro para que o examinasse. Como o médico suspeitava, o cachorro tinha raiva.

— Receio que seja tarde demais para lhe dar soro — diz o médico a Joe.

Joe senta-se à mesa do médico e começa a escrever freneticamente.

— Talvez não seja tão ruim — consola o médico. — Não há necessidade de escrever seu testamento agora.

— Não estou escrevendo meu testamento — responde Joe. — Estou apenas fazendo a lista de pessoas que vou morder.

Se nada pode ser feito e se eu vou ficar louco, então por que não aproveitar a oportunidade? Que ótima oportunidade...

Curta a vida, ria do ridículo das coisas ao redor. Ria o tempo todo a caminho do templo de Deus. Aqueles que riram bastante chegaram lá; as pessoas sérias ainda estão vagando com a cara sombria.

♦

O jovem dr. Dagburt sai com o dr. Bones, um clínico geral, para observá-lo em suas consultas domiciliares.

— Vou cuidar dos dois primeiros — diz Bones. — Observe atentamente, depois você experimenta.

Na primeira casa, eles são recebidos por um homem angustiado.

— Minha esposa está com terríveis cólicas estomacais — diz ele.

O dr. Bones faz um breve exame, depois se agacha sobre as mãos e os joelhos e olha debaixo da cama.

— Senhora — diz Bones —, deve cortar sua ingestão de doces e chocolates e estará bem em um dia.

Dagburt espreita sob a cama e vê embalagens de doces e chocolates espalhadas pelo chão.

Na consulta seguinte, eles são recebidos por Becky Goldberg, que está perturbada.

◆ Condições básicas para o bem-estar ◆

— É o Hymie, doutor! — ela chora. — Ontem ele passou o dia todo muito esquecido e hoje cai a toda hora. Quando o coloquei na cama, ele desmaiou.

Examinando Hymie, Bones desce ao chão e olha debaixo da cama.

— O problema é muito simples — diz Bones a Hymie. — Você está bebendo demais!

O jovem dr. Dagburt espreitou sob a cama e viu sete garrafas vazias de gim.

Na terceira casa, é a vez de Dagburt. Ele toca a campainha e depois de uma longa demora uma jovem afogueada atende à porta.

— Seu marido nos pediu para vir — diz Dagburt. — Ele disse que a senhora estava muito diferente esta manhã e pediu-nos que a examinássemos.

Então eles vão para o andar de cima e a mulher se deita. Dagburt a examina e depois olha debaixo da cama.

— Tudo bem — ele conclui. — Vou receitar uma dieta sem lácteos e a senhora vai ficar bem.

Quando eles estão saindo, Bones pergunta, intrigado:

— Como você chegou a essa conclusão sobre a dieta sem lácteos?

— Bem — diz Dagburt —, eu segui seu exemplo e olhei debaixo da cama, onde encontrei um litro de leite!

◆

Slobovia encontra Kowalski à meia-noite, no pub Pope and Hooker para algumas cervejas.

— Como sua esposa está cozinhando? — pergunta Kowalski.

— Cheguei em casa esta noite — diz Slobovia — e minha esposa estava chorando sem parar porque o cachorro tinha comido uma torta que ela fez para mim. "Não chore", eu disse a ela. "Vou lhe comprar outro cachorro."

◆

— Senhor Klopman — diz o dr. Bones —, mesmo que o senhor seja um homem muito doente, creio que posso ajudá-lo.

— Doutor — chora Klopman —, se fizer isso, quando eu ficar bom, prometo doar cinco mil dólares para o seu novo hospital.

Meses depois, Bones encontra Klopman na rua.

— Como você está se sentindo? — ele pergunta.

— Maravilhoso, doutor, estou ótimo! — diz Klopman. — Nunca me senti melhor!

— Tenho pensado em falar com o senhor — diz Bones. — E o dinheiro para o novo hospital?

— Do que o senhor está falando? — diz Klopman.

— O senhor prometeu — responde Bones — que se ficasse curado, doaria cinco mil dólares para o meu novo hospital.

— Eu prometi isso? — pergunta Klopman. — Isso mostra apenas como eu estava doente.

◆

A esposa de Moishe Finkelstein, Ruthie, sempre se queixa do mau desempenho do marido na cama, então Moishe vai consultar o médico. O dr. Bones prescreve algumas novas pílulas milagrosas que com certeza farão efeito.

Um mês depois, Moishe volta para se consultar com o dr. Bones.

— As pílulas são fantásticas — diz Moishe. — Tenho feito amor três vezes por noite.

— Mas que ótimo — diz Bones. — E o que sua esposa comentou sobre o seu amor agora?

— Ah, eu não sei — responde Moishe —, ainda não estive em casa.

◆

É uma bela manhã de segunda-feira no centro de Santa Bárbara, Califórnia. Esperando receber seus primeiros pacientes do dia, prepara-se o neoespecialista em supercirurgia, dr. Decapitar. Ele corre o olhar pelo seu consultório moderno, de alta tecnologia, informatizado, cromado, aperta um botão e prepara-se para receber seu primeiro paciente, Porky Poke.

— Doutor! — diz Porky, com a cabeça envolta em ataduras.

— Ah, não me diga! — diz o dr. Decapitar. — É sua cabeça!

— Isso é fantástico! — diz Porky. — Como o senhor soube?

— Eu percebi imediatamente — responde o dr. Decapitar. — Estou neste ramo há trinta anos. — Então, o médico digita algumas vezes no teclado de seu computador e diz: — Não há a menor dúvida quanto a isso: você está com uma enxaqueca terrível.

— Isso é incrível! — diz Porky. — Tenho sofrido disso a minha vida inteira. O senhor pode me curar?

— Tudo bem — diz o dr. Decapitar, examinando a tela do computador —, isso pode parecer um pouco drástico, mas há apenas uma maneira de ajudá-lo. Eu vou ter de remover seu testículo esquerdo.

— Meu Deus! Meu ovo esquerdo? — lamenta-se Porky. — Bem, tudo bem. Farei qualquer coisa para curar essa dor de cabeça!

Então, uma semana depois, Porky Poke deixa a sala de cirurgia particular do dr. Decapitar sentindo falta de sua bola esquerda, porém, sentindo-se um novo homem.

— Ela se foi! — diz Porky, tentando dançar, mas sentindo seus movimentos dolorosamente restritos. — Minha enxaqueca se foi!

Para comemorar a ocasião, Porky vai diretamente à butique das Confecções Moishe Finkelstein para adquirir um novo guarda-roupa.

Moishe dá uma olhada em Porky e diz:

— Você deve usar paletó 42.

— Isso mesmo! — exclama Porky. — Como você soube?

— Eu percebi imediatamente — responde Moishe. — Estou neste ramo há 30 anos. Você usa calças tamanho 36, com pernas de 80 cm de comprimento.

— Surpreendente! — diz Porky. — Isso é incrível. Você está absolutamente certo!

— É claro que estou certo — responde Moishe. — Tenho feito isso a minha vida inteira. Você usa sapatos número 42.

— Inacreditável! — exclama Porky. — É exatamente esse o meu número.

— E... — acrescenta Moishe — você usa cuecas tamanho quatro.

— Não! — responde Porky. — Você está errado. Eu uso tamanho três.

— Isso não é possível — diz Moishe, olhando-o mais de perto. — Você usa cuecas tamanho quatro.

— Ah, não, eu não! — diz Porky. — Toda a minha vida usei tamanho três!

— Tudo bem, diz Moishe, você pode continuar usando o tamanho três, mas isso vai lhe dar uma enxaqueca terrível!

♦ O equilíbrio entre corpo e mente ♦

Sinta o ritmo. Se você está se tornando mais harmonioso com a existência, então está no caminho certo. Se começar a sentir-se desarmonioso, tenso, se sentir angústia, se surgirem perturbações — se começar a perder o senso de direção e a se sentir descartável, parecendo não ter mais sentido —, isso é uma indicação clara de que você se afastou do ritmo da existência.

A primeira coisa a fazer é chegar a um acordo de paz com seu corpo e nunca rompê-lo. Depois de ter chegado a esse acordo de paz, seu corpo se tornará muito mais solidário. Você cuida do corpo, o corpo cuida de você — ele se torna um veículo de enorme valor, torna-se o próprio templo.

4

Sintomas e soluções[1]

Quando você não se comporta de maneira natural com seu corpo, irrompe alguma doença. Essa doença é uma manifestação amiga. Ela significa: "Comporte-se, mude sua maneira de ser! Em algum ponto você está agindo contra a natureza". Se você não ingerir alimentos por três ou quatro dias, vai sentir tontura, fome, vai ficar triste. O corpo inteiro está lhe dizendo: "Coma!", porque o corpo precisa de energia.

Lembre-se sempre: a energia é neutra, então a sua qualidade de vida como um todo depende de você. Ser feliz, ou ser infeliz — depende de você. Ninguém mais é responsável por isso.

Quando sentir fome, coma. Quando sentir sede, beba. Quando sentir sono, vá dormir. Não force a natureza. Por algum tempo você pode forçá-la, porque existe muita liberdade. Se quiser jejuar, pode jejuar por alguns dias, mas a cada dia se tornará mais e mais fraco e a cada dia se sentirá cada vez mais e mais infeliz. Se não quiser respirar, por alguns segundos você pode parar de respirar, mas apenas por alguns segundos — esse é o tanto de liberdade possível. Não é muita coisa e, se você não respirar direito, logo vai ter uma sensação de sufocamento e de estar morrendo.

---

1. As sugestões e recomendações encontradas neste capítulo foram tiradas das conversas pessoais de Osho com determinadas pessoas. Embora as sugestões sejam dadas a indivíduos específicos, elas também contêm informações e conselhos que podem ser aplicáveis de maneira geral para resolver problemas físicos e/ou psicológicos. Essas sugestões, no entanto, não são de modo algum destinadas a substituir o aconselhamento e o tratamento médico profissional.

Todo o sofrimento que existe serve para indicar que, em algum momento, você agiu errado, saiu dos trilhos. Volte imediatamente! Se começar a ouvir o corpo, ouvir a natureza, ouvir o seu ser interior, você ficará cada vez mais e mais feliz. Torne-se um bom ouvinte da natureza.

QUESTÕES IMPORTANTES:

1. TENSÃO NO ABDOME
Muitas vezes, tenho uma sensação de ter uma pedra no estômago. Como posso diminuí-la?

A maioria das pessoas sofre de uma sensação de ter uma pedra no estômago. Isso pode ser causado por mil e uma doenças — físicas, mentais, ou ambas, porque o estômago é o centro onde sua psicologia e sua fisiologia se encontram; elas se encontram no umbigo. Ele é o ponto de contato entre a psicologia e a fisiologia. Então, se ao redor do umbigo a musculatura se torna enrijecida, você se torna muito dividido. Seu corpo e sua mente se isolam; quase se dividem como duas coisas distintas, sem uma ligação.

Dessa forma, às vezes você faz alguma coisa que só a mente parece ter feito, pois o corpo não está pronto. Por exemplo, você pode comer: o corpo não está com fome, mas você pode continuar comendo porque a mente está saboreando o gosto. Ela não vai saber como o corpo se sente porque a sensação está interrompida; não existe ligação. Às vezes, pode acontecer de estar com muita vontade de jogar cartas ou ir ao cinema porque o corpo está com fome e você não sabe. Assim, a pessoa segue em frente como duas linhas paralelas, nunca se encontrando. Isso é esquizofrenia e é muito raro encontrar uma pessoa que não seja, de algum modo, esquizofrênica. Mas sempre resultará um sintoma disso: o estômago parecendo uma pedra.

Portanto, a primeira coisa a fazer é: começar a expirar totalmente. E enquanto expira totalmente, com naturalidade, deve contrair o estômago para dentro. Depois, relaxe e deixe o ar entrar. Se você expirou totalmente, o ar se precipitará com bastante força. Será algo parecido com uma martelada — e isso irá destruir a constituição de pedra ao redor do estômago... Primeira atitude.

A segunda atitude: pela manhã, depois de evacuar, quando o estômago estiver vazio, pegue uma toalha seca e esfregue o estômago, massageie o estômago. Comece pelo canto direito e gire, sem voltar ao contrário — uma massagem de três a quatro minutos. Isso também ajudará a relaxar.

E a terceira atitude: sempre que puder, faça um pouco de corrida. Correr é muito bom — correr, andar rápido.

Execute essas três atitudes e dentro de um mês essa pedra desaparecerá.

2. SENTIR-SE DESLIGADO DO CORPO
Não sinto meu corpo. Como posso ter mais contato com ele?

A primeira coisa básica a fazer é voltar para o corpo. Se não estivermos em contato com nosso corpo, não estaremos em contato com a terra. Estamos desarraigados, não temos raízes, e sem estar enraizados no corpo nada pode ser feito, nada. Depois que você se enraíza no corpo, tudo se torna possível.

Problemas como ciúme, possessividade e ganância — tudo isso faz parte do desenraizamento. Porque não estamos enraizados, estamos sempre com medo; por causa desse medo, nos tornamos possessivos; por causa desse medo, não podemos confiar em ninguém, então acontece o ciúme. Na verdade, não podemos confiar em nós mesmos — esse é o problema — e como você pode confiar em si mesmo quando não tem raízes na terra? A confiança acontece quando você tem raízes profundas na terra. Aconteça o que acontecer você sabe que será capaz de suportar e de enfrentar. Você não se apega aos outros — não há necessidade; você se basta sozinho.

Portanto, comece a ficar cada vez mais enraizado no seu corpo. Sinta mais o corpo, curta suas atividades físicas, corra pela manhã e desfrute o corpo e a sensação de vibrar de energia. Vá nadar: curta o corpo e o rio, sinta o toque da água. Ande e dance, pule no ar e ao sol, deixe o corpo novamente começar a vibrar de alegria.

Isso deve ser feito primeiro... e respire fundo o maior número de vezes possível. Depois que você assume o corpo, depois que se sentir novamente vivo dentro do seu corpo, nove entre dez problemas desaparecerão.

Esse é um dos truques pelos quais a sociedade deixou as pessoas alienadas de si mesmas. Ela o separou de seu corpo, assim, você se torna uma espécie de fantasma dentro de uma máquina. Você está dentro do corpo e, mesmo assim, não está no corpo — está apenas pairando ao redor. Você segura a mão de um amigo com a sua, mas o que acontece é só uma mão morta contra uma mão morta — nenhum sentimento, nenhuma poesia, nenhuma alegria. Você come, mas é como se estivesse se enchendo; não sente nenhum sabor. Você enxerga, mas não vê a existência psicodélica como ela é; vê cores aborrecidas, cinza, marrom. Você ouve música, mas só percebe o som sendo emitido; não sente a música.

Por alguns meses curta tudo o que seja relacionado ao corpo: correr, caminhar, jogar, pular, dançar, cantar, gritar nas montanhas. Traga de volta a sua infância! Você vai começar a sentir que está renascendo. Terá de novo aquela sensação, exatamente a mesma sensação que a lagarta tem quando se torna uma borboleta.

3. DOR NOS OMBROS E NO PESCOÇO

Sou um homem de negócios e sinto uma forte dor no ombro quando estou no trabalho. Os médicos dizem que isso é psicossomático e me tratam com analgésicos.

Acho que algumas coisas podem ser de grande ajuda. Uma é o Rolfing, ou massagem dos tecidos profundos, e a outra é a acupuntura.

Isso passa, não há nada com que se preocupar. O psicanalista canadense, dr. Hans Selye, tem trabalhado a vida toda debruçado sobre um problema — o estresse. Ele chegou a certas conclusões muito profundas. Uma, é que o estresse nem sempre é errado; pode ser usado de belas maneiras. Não é necessariamente negativo, mas se pensamos que é negativo, que não é bom, criamos problemas. O estresse, em si, pode ser usado como um trampolim, pode se tornar uma força criativa. Mas, em geral, nos ensinaram ao longo do tempo que o estresse é ruim, e quando sentimos algum tipo de estresse ficamos com medo. E esse medo se torna ainda mais estressante; ele não contribui para melhorar a situação.

Por exemplo, o mercado está passando por um problema difícil e isso está causando estresse. No momento em que sente que há alguma tensão, um pouco de estresse, você tem medo e pensa que isso não deveria acontecer: "Preciso relaxar". Tentar relaxar não vai ajudar, porque você não vai conseguir relaxar; na verdade, tentar relaxar vai criar um novo tipo de estresse. O estresse acontece, você tenta relaxar e não consegue, então você está complicando o problema.

Quando acontecer o estresse use-o como uma energia criativa. Primeiro, aceite-o; não há necessidade de lutar contra ele. Aceite, está tudo perfeitamente bem. Simplesmente diga: "O mercado não está indo bem, algo está dando errado...", "Você pode ser um perdedor...", ou algo parecido. O estresse é simplesmente uma indicação de que o corpo está se preparando para lutar contra isso. Você tenta relaxar, toma analgésicos ou toma tranquilizantes; você está indo contra o corpo. O corpo está se preparando para lutar contra uma certa situação, um certo desafio que surgiu: curta o desafio!

Mesmo que às vezes você não consiga dormir à noite, não há necessidade de se preocupar. Aproveite, use essa energia que está chegando: caminhe de um lado para outro, saia para correr, faça uma longa caminhada, planeje o que deseja fazer, o que a mente quer fazer. Em vez de tentar dormir, o que não é possível, use a situação de forma criativa. O estresse simplesmente diz que o corpo está pronto para lutar contra o problema; não é hora de relaxar. O relaxamento pode ser feito mais tarde.

Na verdade, se vivenciar o estresse totalmente irá relaxar automaticamente; você pode ir apenas até aí, que depois o corpo relaxa automaticamente. Se você quiser relaxar no meio do processo, vai criar problemas; o corpo não consegue relaxar no meio do processo. É quase como se um corredor olímpico estivesse se preparando, apenas esperando o apito, o sinal, e ele vai partir, seguirá como o vento. Ele está cheio de estresse; esse não é o momento de relaxar. Se ele tomar um tranquilizante, nunca terá alguma utilidade na disputa. Se ele relaxar ali e tentar fazer Meditação Transcendental, vai perder com certeza. Ele precisa usar seu estresse: o estresse está fervendo, está acumulando energia. Está se tornando cada vez mais cheio de vida e carregado de energia. Ele precisa se apoderar desse estresse e usá-lo como energia, como combustível.

Selye deu um novo nome para esse tipo de estresse: ele o chamou de "*eustress*", semelhante a euforia; é um estresse positivo. Depois que o atleta corre, ele cai em um sono profundo; o problema está resolvido. Então, não há mais problema, o estresse desaparece por conta própria.

Portanto, experimente: quando acontecer uma situação estressante, não se desespere, não tenha medo. Encare o estresse, use-o para superar a situação. O ser humano tem uma energia tremenda e quanto mais a usa, mais dispõe dela.

O Rolfing será útil. Não vai ajudá-lo a relaxar; simplesmente vai mudar sua musculatura, vai deixar você mais cheio de vida. Portanto o estresse vai passar com o Rolfing.

Quando acontecer de surgir um problema, lute, faça tudo o que puder fazer, enfrente-o realmente com tudo. Admita a situação, aceite-a e a receba como deve. Isso é bom, isso o prepara para a luta. Quando tiver superado o problema ficará surpreso: acontecerá um grande relaxamento e esse relaxamento não é criado por você. Talvez por dois, três dias, você não possa dormir, mas depois, durante 48 horas você não conseguirá acordar, e tudo estará bem!

Todos insistimos em carregar muitas noções erradas, por exemplo, que cada pessoa precisa dormir oito horas todos os dias. Depende da situação. Há situações em que não é necessário dormir: sua casa está em chamas e você está tentando dormir. Ora, isso não é possível e isso não deve ser possível, caso contrário, quem vai apagar o fogo? Enquanto a casa está em chamas todas as outras coisas são postas de lado; de repente, seu corpo está pronto para lutar contra o fogo. Você não vai sentir sono. Quando o fogo tiver desaparecido e tudo voltar ao normal você poderá dormir por um longo período, e isso será suficiente.

Todo mundo, também, não precisa da mesma quantidade de sono. Algumas pessoas podem se contentar com três horas, duas horas, quatro horas, cinco horas, seis, oito, dez ou doze. As pessoas diferem, não existe norma. E quanto ao estresse, também as pessoas diferem.

Existem dois tipos de pessoas no mundo: pode-se dizer que um tipo, é o cavalo de corrida, e o outro, é a tartaruga. Se o tipo cavalo de corrida não puder ir depressa, resolver as coisas com velocidade, sentirá estresse; ele precisa seguir o seu ritmo. Se você for um cavalo de corrida, esqueça o relaxamento e coisas assim; isso não é para você. Isso é para as tartarugas, então, seja um cavalo de corrida porque isso é natural em você, e não pense nas alegrias que as tartarugas estão curtindo, porque não são tuas. Você tem um tipo diferente de alegria. Se uma tartaruga começar a querer agir como um cavalo de corrida, estará com o mesmo problema!

Você pode sair do mercado. É muito fácil; a mente vai dizer: "Saia do mercado, esqueça-o", mas você não vai se sentir bem. Você vai sentir mais estresse surgindo, porque não vai sentir sua energia se envolver.

Aceite a sua natureza. Você é um lutador, um guerreiro; você precisa ser assim, essa é a sua alegria. Não precisa ter medo; entre com toda a coragem. Lute com o mercado, concorra no mercado, faça tudo o que realmente quer fazer. Não tenha medo das consequências, aceite o estresse. Depois de aceitar o estresse, ele desaparecerá. E não só isso, você ficará muito feliz porque começou a usá-lo; ele é uma espécie de energia.

Se você é um cavalo de corrida não dê ouvidos às pessoas que o mandam relaxar; isso não é para você. Seu relaxamento só virá depois de ter vencido pelo trabalho duro. Precisamos entender de que tipo somos. Depois que entendemos o nosso tipo o problema acaba, então podemos seguir em frente sem titubear. O estresse será seu estilo de vida.

4. DOENÇA RELACIONADA AO ESTRESSE
Eu fico doente com frequência e acho que isso tem a ver com exigir demais de mim. Não me sinto mais conectado ao meu centro e o corpo adoece.

Todo mundo precisa entender o funcionamento do seu corpo. Se tentar fazer algo além do que o seu corpo pode tolerar, então, cedo ou tarde, vai ficar doente.

Existe um certo limite além do qual você pode exigir do seu corpo, mas isso não pode durar para sempre. Pode ser que esteja trabalhando demais. Talvez não pareça assim para as outras pessoas, mas a questão não é essa. Seu corpo não consegue tolerar esse esforço; ele precisa de descanso. O resultado final será o mesmo. Em vez de trabalhar durante duas ou três semanas, e depois descansar pelo mesmo tempo, trabalhe durante todas as seis semanas, porém, reduza o trabalho pela metade... aritmética simples.

E isso é muito perigoso porque pode destruir muitas coisas frágeis no corpo — viver continuamente trabalhando demais, para depois sentir-se exausto, deprimido e largado na cama sentindo-se mal em relação a tudo. Reduza sua velocidade, mova-se lentamente e faça-o de uma forma geral. Por exemplo, pare de andar do jeito que caminha. Ande devagar, respire lentamente e fale devagar. Coma devagar; se você demora vinte minutos, demore quarenta. Tome seu banho lentamente; se você costuma demorar dez minutos, demore vinte.

Em tudo o que faz as atividades devem ser reduzidas para a metade.

Não é só uma questão do seu trabalho profissional. O total de 24 horas deve ser reduzido, a velocidade trazida ao mínimo, à metade. Essa precisa ser uma mudança de todo o seu estilo e seu padrão de vida. Fale devagar... leia lentamente, porque a mente tende a fazer tudo de uma maneira particular.

Uma pessoa que é muito trabalhadora costuma ler depressa, conversar depressa, comer depressa; é uma obsessão. Tudo o que estiver fazendo, ela fará rápido, mesmo que não haja necessidade. Mesmo que tenha saído para uma caminhada matinal, ela irá depressa, indo para lugar nenhum... é apenas uma caminhada e se você andar por dois ou três quilômetros não vai fazer diferença. Mas a pessoa obcecada por velocidade está sempre com pressa. Esse é apenas um mecanismo automático, um comportamento mecânico automático. Isso se torna quase incorporado. Portanto, pare com isso. A partir de hoje, reduza tudo pela metade. Aja devagar, ande lentamente. Isso também lhe dará uma consciência muito profunda, porque quando fizer as coisas muito lentamente — por exemplo, mover a mão muito devagar — você ficará mais alerta. Quando age rapidamente você o faz mecanicamente.

Se quiser diminuir a velocidade, terá de diminuir conscientemente; não existe outro caminho. Não é uma questão de capacidade. É simplesmente uma questão de velocidade. Todo mundo tem sua própria velocidade e cada um deve se mover com a própria velocidade. Isso é natural, não tem nada a ver com a sua capacidade. Você pode fazer bastante trabalho com essa postura e acho que poderá fazer mais. Depois de chegar ao seu ritmo certo, você poderá fazer muito mais.

♦ Sintomas e soluções ♦

As coisas não serão agitadas, correrão mais suavemente e você poderá produzir muito mais. Existem trabalhadores lentos, mas a lentidão tem as suas próprias qualidades. E, na verdade, são qualidades melhores. Um trabalhador rápido pode ser quantitativamente bom. Ele pode produzir mais quantitativamente, mas qualitativamente ele nunca pode ser muito bom. Um trabalhador lento é qualitativamente mais perfeito. Toda a sua energia se move em uma dimensão qualitativa. A quantidade pode não ser muita, mas a quantidade não é realmente o que interessa.

Se você puder fazer poucas coisas, mas coisas realmente bonitas, quase perfeitas, se sentirá mais feliz e realizado. Não há necessidade de fazer muitas coisas. Se puder fazer uma coisa que lhe dê o contentamento suficiente, sua vida estará realizada. Você pode continuar fazendo muitas coisas, mas se nada o realiza e tudo o torna envergonhado e doente, qual é o propósito disso? Não existe um critério, um padrão de julgamento.

Algumas coisas básicas devem ser compreendidas. Não existe essa coisa de natureza humana. Existem tantas naturezas humanas quanto seres humanos, por isso, não existe um padrão de julgamento. Uma pessoa pode ser um corredor rápido, a outra é um caminhante lento. Elas não podem ser comparadas porque ambas estão separadas, ambas são totalmente únicas e individuais. Não se preocupe com isso, pois acontece por causa da comparação. Você vê que alguém está fazendo muito e nunca vai para a cama, enquanto você faz apenas um pouco e precisa ir para a cama, então, você se sente mal e acha que sua capacidade não é tão boa quanto deveria ser.

Mas, quem é ele, e como compará-lo a você? Ele é ele, você é você. Se ele for forçado a começar a se mover devagar, pode ser que comece a ficar doente. Então será contra a sua natureza. O que você está fazendo é contra sua natureza, portanto, simplesmente ouça-a.

Sempre ouça seu corpo. Ele sussurra, nunca grita, porque não pode gritar. Somente em sussurros é que ele lhe envia as mensagens. Se você estiver alerta, poderá entender. O corpo tem uma sabedoria própria que é muito mais profunda do que a mente. A mente é apenas imatura. O corpo permaneceu sem a mente por milênios. A mente só acabou de chegar. Ainda não sabe muito.

Todas as coisas básicas o corpo ainda mantém sob seu próprio controle. Só as coisas inúteis foram dadas à mente — pensar; pensar sobre filosofia e Deus, inferno e política.

As funções mais básicas — respiração, digestão e circulação do sangue estão sob o controle do corpo, enquanto apenas os luxos são dados à mente.

Ouça o corpo e nunca o compare. Nunca antes houve uma pessoa como você, e nunca haverá. Você é absolutamente único — passado, presente, futuro. Portanto, você não pode se comparar com ninguém, e também não pode imitar ninguém.

5. SENTIR O CORPO POR DENTRO

Eu sou uma pessoa arrojada, mas recentemente meu corpo e minha mente passaram por muitas mudanças. Tenho me voltado mais para dentro de mim, mas agora estou com medo de voltar a ser o que era e que minha mente recupere o controle. Como posso fazer a cabeça considerar mais o corpo?

Toda vez que acontece uma mudança na mente, o corpo é imediatamente afetado. Se a mudança for para valer, você sempre sentirá algo mudando profundamente no corpo também. Quando muda alguma coisa no corpo, não é preciso temer que a mente reassuma o controle; isso não é fácil. Apenas se só a mente mudar, e o corpo não participar, pode ser que a mente domine com facilidade, porque permanece na superfície.

O corpo é onde estão as suas raízes. O corpo é o que está enraizado na terra e a mente é como ramos voltados para o céu — a visão é adorável, mas tudo depende das raízes que se aprofundam na escuridão da terra. Elas não se exibem; não se mostram. Se você se afastar um pouco, vai ver os ramos e as flores, mas você nunca se dará conta das raízes.

Se apenas os ramos sofrem mudanças e as raízes não forem afetadas, essas mudanças não durarão muito tempo. No entanto, se as raízes forem afetadas, as mudanças serão duradouras e o processo não poderá ser revertido com facilidade. Mas não se preocupe. Dedique cada vez mais sua atenção e sensibilidade aos fenômenos que acontecem com o corpo.

♦ Sintomas e soluções ♦

Você se sente dentro do corpo — isso é muito bonito. Há milhões de pessoas, quase a maioria, que não conhecem o sentido do corpo. Elas esqueceram completamente que estão no corpo... são apenas fantasmas.

Redescobrir as suas raízes no corpo é com certeza uma nova sensação, porque a humanidade foi completamente separada delas.

O corpo tem sido reprimido há milênios e à mente foi dada a ideia de que é ela quem está no comando; que a mente é tudo e o corpo não é senão um serviçal... que é de fato algo condenável, algo como um pecado.

Sentimo-nos envergonhados por ter um corpo. É por isso que as pessoas têm medo de ficar nuas, porque estando nuas são mais corpo do que mente. A roupa dá uma sensação de que o corpo não existe — que somos apenas o rosto, a cabeça, os olhos. Esse é o mecanismo que engloba a mente localizada no corpo. Portanto, quando estão nuas, as pessoas, de repente, percebem que são corpos — e isso não lhes cai bem.

Permaneça dentro do corpo porque essa é a realidade. Sinta-se cada vez mais... permita que o corpo tenha toda a sensibilidade que possa ter. Recupere o corpo, reclame o corpo, e permita mais mudanças nele, para que você possa sentir o seu ser. Por exemplo, às vezes feche os olhos e deite-se no chão... sinta a terra em contato com o corpo. Não pense, apenas sinta.

Vá até um rio e deite-se na água, na areia. Deite-se simplesmente ao sol. Sinta mais... seja sensível. Quando comer pão, primeiro sinta-o com a mão... coloque-o contra o rosto e sinta-o... cheire-o. Primeiro reconheça-o com o corpo. Depois experimente... feche os olhos e sinta o sabor se espalhar ao seu redor. Não tenha pressa; não vá simplesmente mordendo-o. Curta-o... depois morda com vontade — porque esse pão vai se tornar seu corpo. Não perca essa oportunidade. Esse pão é seu corpo em potencial. Receba-o, dê-lhe as boas-vindas, e terá um corpo totalmente diferente dentro de alguns meses.

Procure comer com uma mente diferente, uma atitude diferente; beba água com uma atitude diferente e lembre-se sempre de ser mais sensível e perceptivo; logo você verá que o corpo está morto em muitas partes. Você readquire a vida, como se fosse um leão adormecido que agora estivesse de volta... esticando as pernas, alongando o corpo. Assim vai encontrar a mesma sensação do surgimento da vida. É quase uma ressurreição.

6. INSÔNIA

Eu não durmo bem e sempre acordo entre três e quatro horas da madrugada.

Você sempre se levanta entre três e quatro horas da manhã? Então faça desse momento o seu horário de meditação.

Sempre use as oportunidades para um proveito positivo. Seja criativo em tudo. Se não consegue dormir, não há necessidade de forçar o sono; o sono não pode ser forçado. O sono é uma daquelas energias que não podem ser desejadas. Se você o desejar, ficará perturbado. Se fizer alguma coisa para dormir, esse próprio ensejo será o obstáculo, porque o sono é contra o desejo; o sono é um estado de não-ocorrência. Se você fizer algum esforço... por exemplo, começar a contar ovelhas, a repetir um mantra, começar a se virar de um lado para o outro ou começar a invocar seu deus e a rezar, tudo isso deixará você mais acordado. Isso não ajuda nada, mas é o que as pessoas continuam fazendo.

Meu ponto de vista é totalmente diferente. Primeiro, se você não tem sono, isso simplesmente significa que o seu corpo está perfeitamente descansado e as pessoas são diferentes...

"Mas eu me sinto exausto."

Essa é a sua mente, não tem nada a ver com o corpo. Só a ideia de que você não tem dormido já o cansa. Não se trata realmente de falta de sono. Porque o mecanismo do corpo, o organismo do corpo, tem sua própria sabedoria. Por exemplo, está comendo... O corpo diz: "Já chega!", mas você diz: "Como estou muito magro e esquelético, preciso comer mais. Isso está errado; você está criando problemas para si mesmo. Pode comer, pode forçar um pouco mais, pode fazer coisas, mas o organismo não está pronto para isso e rejeitará a comida.

Um dia você não está com nenhuma vontade de comer, mas a sua mente diz que, se não comer, ficará fraco. Ninguém fica fraco em um dia. Se o corpo não tem vontade de comer, é melhor ouvi-lo; ele é quem sabe. O corpo tem um conhecimento instintivo de que, nesse momento, comer será perigoso. Talvez esteja ocorrendo algum processo nos intestinos e o corpo quer limpá-los antes de ingerir mais alimentos. Talvez você tenha ingerido algum elemento tóxico. Você já ingeriu muita comida e o corpo não consegue terminar o trabalho com ela. Não precisa de mais trabalho, caso contrário, todo o mecanismo ficará louco; não será possível gerenciá-lo. O corpo diz: "Chega de comida, estou sem apetite". Falta de apetite é a linguagem do corpo, apenas um símbolo. O corpo não pode falar verbalmente, não pode dizer: "Pare!" Isso é um símbolo, símbolo do corpo: "Estou sem apetite". O corpo está dizendo: "Não coma!" Mas você tem uma certa mente que acha que precisa comer pelo menos duas ou três vezes ao dia, caso contrário ficará fraco. Você continua a se encher, e como não tem apetite tenta criar um apetite falso. Coloca mais especiarias na comida para ter um apetite falso ou vai a um lugar onde sempre gosta de comer. Você tenta enganar o corpo, mas isso é simplesmente uma idiotice! E o mesmo acontece com o sono.

Se você dormiu, e às três ou quatro horas sente que está acordado, isso simplesmente significa que o corpo está descansado. O sono do corpo está terminado; no entanto, sua mente está criando problemas. Então, use essa hora. Simplesmente, permaneça deitado em silêncio; aproveite o silêncio da noite! Em vez de ficar perturbado porque o sono se foi, aproveite o momento para uma meditação. Não é necessário levantar-se; apenas continue deitado na cama, descanse, mas ouça... os sons da noite estão todos presentes, o silêncio da noite. O ruído do trânsito ecoa, mas as pessoas não estão presentes; todo mundo está dormindo. Isso é lindo! Você está sozinho — quase como se estivesse nas montanhas — com a escuridão e a característica calmante da escuridão. Aproveite e relaxe com esse prazer.

Entende o que quero dizer? Caso contrário, você se torna infeliz, porque uma vez mais seu sono foi interrompido; outra vez, no dia seguinte estará cansado e preocupado, e haverá tensões, angústia e ansiedade. Essas coisas não permitirão que você durma outra vez.

Adote um ponto de vista positivo, use esse momento. Entre em sintonia com a noite, com os sons da noite, e divirta-se! Tudo tem uma imensa beleza. Assim, você não saberá quando adormeceu novamente... isso será um subproduto, e só pode ser um subproduto. Quando estiver tão absorto ouvindo os sons da noite, você vai voltar a dormir lentamente, não por vontade própria, não porque estivesse querendo.

Não estou dizendo que você deva meditar para poder dormir, não. Não existe "para quê", não existe "por causa disso". Estou simplesmente dizendo para curtir! E, de repente, você vai perceber que o sono aconteceu. Mas, se acontecer ou não, é irrelevante. Se acontecer, tudo bem; se não acontecer, perfeito. Por umas três semanas, faça o que estou dizendo e todo cansaço desaparecerá. Isso é uma coisa mental. Desde cedo você fica com a ideia de que está cansado. É claro, você vai ficar cada vez mais cansado. Vai ter medo de tudo, de cada envolvimento. Você já está cansado, então, se fizer isso, vai ficar mais cansado. Você está criando uma neurose à sua volta.

Todo mundo tem diferentes necessidades de sono e de comida. Uma pessoa dorme oito horas, outra pode precisar de dez horas e outra ainda pode precisar de apenas seis, e alguém pode precisar de até quatro ou, às vezes, há pessoas que precisam apenas de três ou duas horas...

Meu pai não conseguia dormir depois das três. Ele ia dormir por volta das onze horas, então tinha três, quatro horas de sono, no máximo. Minha mãe vivia preocupada, mas recomendei a meu pai que se sentasse e meditasse. Ele passou a se sentar às três horas, e esse horário se tornou sua porta de entrada para o divino. Durante anos ele meditou das três às sete horas... ele quase se tornava uma estátua, se esquecia do corpo.

Pois bem, essa se tornou a experiência mais preciosa de sua vida; uma que nenhum sono poderia proporcionar. Ele estava refeito às três; era assim que seu mecanismo, seu corpo, funcionava. No início, ele costumava tentar dormir. Era uma infelicidade, porque o sono não vinha e ele ficava cansado tentando dormir, ficava frustrado; de manhã, acordava frustrado. Eram três ou quatro horas de esforço para dormir todas as noites e o sono não vinha, como era possível não ficar frustrado? Mas, desde que lhe falei da meditação, toda frustração desapareceu, e aquelas horas se tornaram os seus momentos mais valiosos. Começou a sentir saudade deles: durante o resto do dia ficava pensando neles, porque eram os momentos de maior paz. Ele soube usar o seu tempo corretamente.

7. TENSÃO E RELAXAMENTO
Sinto muita tensão e estresse. Como posso relaxar mais?

♦ Sintomas e soluções ♦

Comece a relaxar de fora para dentro — é onde nos encontramos, e só podemos começar de onde nos encontramos. Relaxe de fora para dentro do seu ser — relaxe seu corpo, relaxe seu comportamento e relaxe seus atos. Caminhe de maneira relaxada, coma de modo relaxado, fale e ouça de modo relaxado. Relaxe todos os processos. Não tenha pressa e não se afobe. Mova-se como se tivesse toda a eternidade à sua disposição, na verdade, ela está à sua disposição. Estamos aqui desde o início e estaremos até o fim, se houver um começo e um fim. Na verdade, não há começo nem fim. Nós sempre estivemos aqui e estaremos sempre. As formas continuam mudando, mas não a substância; as roupas continuam mudando, mas não a alma.

Tensão significa pressa, medo e dúvida. Tensão significa um esforço constante para se proteger, estar seguro, estar resguardado. Tensão significa preparar-se para o amanhã, para o agora, ou para o além — com medo do amanhã você não consegue encarar a realidade, portanto esteja preparado. Tensão significa o passado que você não viveu realmente, mas que de algum modo foi ignorado; ela trava, é uma ressaca, ela o rodeia.

Lembre-se de uma coisa muito fundamental sobre a vida: qualquer experiência que não tenha sido vivida persistirá ao seu redor, dizendo: "Conclua-me! Viva-me! Complete-me!" Existe uma característica intrínseca em todas as experiências que tende para querer ser concluída, executada. Uma vez concluída, ela evapora; incompleta, ela persiste, tortura você, o assombra, atrai sua atenção. Ela diz: "O que você vai fazer sobre mim? Eu ainda estou incompleta — acabe comigo!".

Todo o seu passado paira ao seu redor, sem nada completo, porque nada foi vivido realmente, tudo de algum modo foi ignorado, parcialmente vivido, assim sem graça, de maneira morna. Não houve intensidade, nem paixão. Você seguiu em frente como um sonâmbulo. Esse passado trava e o futuro dá medo. E entre o passado e o futuro resta esmagado o seu presente, a única realidade.

Você precisa relaxar de fora para dentro. O primeiro passo no relaxamento é o corpo. Lembre-se o máximo de vezes possível de olhar para dentro do corpo, se está sentindo alguma tensão em algum lugar do corpo — no pescoço, na cabeça, nas pernas. Relaxe conscientemente. Basta ir a essa parte do corpo e persuadi-la, dizer-lhe com amor: "Relaxe!"

♦ O equilíbrio entre corpo e mente ♦

Você ficará surpreso. Ao abordar qualquer parte do seu corpo, ele o escutará, ele o seguirá — é o seu corpo! Com os olhos fechados, entre no corpo, desde os dedos do pé até a cabeça, procurando por qualquer ponto onde haja tensão. Fale com essa parte como você conversa com um amigo; crie um diálogo entre você e seu corpo. Peça para ele relaxar, dizendo: "Não precisa ter medo. Não há nada a temer. Estou aqui para apoiá-lo... pode relaxar". Lentamente, muito devagar, você vai pegar o jeito. Assim o corpo ficará relaxado.

Dê um passo adiante, um pouco mais para o fundo; diga para a mente relaxar. E se o corpo escuta, a mente também escuta, mas você não pode começar com a mente — deve começar desde o início. Você não pode começar do meio. Muitas pessoas começam com a mente e falham; elas falham porque começam do lugar errado. Tudo deve ser feito na ordem correta.

Se você for capaz de relaxar o corpo voluntariamente, então vai conseguir ajudar sua mente a relaxar voluntariamente. A mente é um fenômeno mais complexo. Depois que se tornou confiante de que o corpo o ouve, terá uma nova confiança em si mesmo. Nesse exato momento a mente poderá ouvi-lo. Pode demorar um pouco mais com a mente, mas acaba acontecendo.

Quando a mente estiver relaxada comece a relaxar o coração, o mundo dos seus sentimentos, das emoções, o que é ainda mais complexo, mais sutil. Mas agora você vai agir com confiança, com grande confiança em si mesmo. Você vai saber que é possível. Se é possível com o corpo e com a mente, também é possível com o coração. E então, depois de ter passado por essas três etapas, pode passar à quarta. Você pode ir ao núcleo mais íntimo de seu ser, que está além do corpo, da mente, do coração: o centro de sua existência. E você também poderá relaxá-lo.

Esse relaxamento, com certeza, traz a maior alegria possível, o máximo em êxtase e em aceitação.

Você ficará cheio de felicidade e alegria. Sua vida terá o caráter da dança.

Toda a existência é como uma dança, exceto no caso do ser humano. Toda a existência segue num movimento muito relaxado; o movimento existe com certeza, mas é totalmente relaxado. As árvores crescem, os pássaros chilreiam, os rios correm e as estrelas se movem: tudo segue de um modo muito relaxado. Sem pressa, sem afobação, sem preocupação e sem desperdício. Exceto no caso do ser humano. O ser humano caiu vítima de sua mente. O ser humano pode elevar-se acima dos deuses e descer abaixo dos animais. O ser humano tem um espectro extraordinário. Do nível mais baixo ao mais elevado, o ser humano é uma escada.

Comece pelo corpo, e depois, lentamente, vagarosamente, vá mais para o fundo. Não passe a nenhum outro nível a menos que tenha resolvido antes o primário. Se o seu corpo está tenso, não comece com a mente, espere, trabalhe no corpo. As pequenas coisas serão de imensa ajuda.

Você anda em um certo ritmo; esse ritmo tornou-se habitual, automático. Agora tente caminhar lentamente. Buda costumava dizer a seus discípulos: "Caminhe bem devagar, e dê cada passo com muita consciência". Se você der cada passo com muita consciência, tenderá a andar devagar. Se estiver correndo, apressando-se, você deixará de se lembrar. Por isso, Buda recomendava andar muito devagar.

Tente simplesmente andar muito devagar e você ficará surpreso, um novo tipo de consciência se manifestará no corpo. Coma devagar e ficará surpreso, ocorrerá um relaxamento impressionante. Faça tudo lentamente... apenas para mudar o padrão antigo, apenas para sair dos hábitos antigos.

Primeiro, o corpo deve se tornar totalmente relaxado, como em uma criança pequena, depois vá para a mente. Mova-se calculadamente: primeiro o mais simples, depois o complexo, em seguida, o ainda mais complexo. E então você relaxará no núcleo final.

O relaxamento é um dos fenômenos mais complexos — muito inspirador, multidimensional. Todas essas coisas fazem parte do relaxamento: abandono, confiança, entrega, amor, aceitação, fluir com a correnteza, união com a existência, ausência de ego, êxtase. Tudo isso faz parte do relaxamento, e tudo isso começará a acontecer, se você aprender as maneiras de relaxar.

Suas chamadas religiões o tornaram muito tenso, porque criaram a culpa dentro de você. Meu esforço aqui é ajudá-lo a se livrar de toda culpa e de todo medo. Gostaria de lhe dizer: não existe inferno nem céu. Portanto, não tenha medo do inferno e não seja ávido pelo céu. Tudo o que existe é este momento. Você pode fazer deste momento um inferno ou um paraíso — o que com certeza é possível, mas não existe céu nem inferno em algum lugar. Inferno é quando você está todo tenso e o céu é quando você está relaxado. O relaxamento total é o paraíso.

8. SENTIMENTOS NEGATIVOS SOBRE O CORPO
Não gosto de mim, especialmente do meu corpo.

Se você tiver uma certa ideia sobre como o corpo deveria ser, vai viver infeliz. O corpo é como deve ser. Se você tiver alguma ideia viverá infeliz, portanto abandone essa ideia.

Esse é o corpo que você tem; esse é o corpo que Deus lhe deu. Use-o... aproveite! Se começar a amá-lo, vai achar que está mudando, porque se uma pessoa ama seu corpo ela começa a se importar com ele e isso é tudo. Você não o enche de comida desnecessária, porque se importa. Você não morre de fome, porque se importa. Você ouve suas exigências, escuta suas sugestões — o que ele quer, quando quer. Quando se importa, quando ama, você entra em sintonia com o corpo e o corpo automaticamente fica bem. Se não gosta do corpo, isso cria o problema, porque então, pouco a pouco você se torna indiferente ao corpo, negligente em relação ao corpo. Quem se preocupa com o inimigo? Você não vai olhar para ele; irá evitá-lo. Você vai parar de ouvir suas mensagens e, então, vai odiá-lo mais.

É você quem está criando todo o problema. O corpo nunca cria nenhum problema; é a mente que cria problemas. Essa é uma ideia da mente. Nenhum animal sofre por causa de nenhuma ideia sobre o corpo, nenhum animal... nem mesmo o hipopótamo! Ninguém sofre — os animais estão perfeitamente felizes, porque não há mente para criar uma ideia, caso contrário, o hipopótamo pensará: "Por que será que eu sou assim?" Não existe nenhum problema com ele.

Simplesmente, deixe de lado o ideal. Ame seu corpo — esse é o seu corpo, esse é um presente de Deus. Você precisa curti-lo e cuidar dele. Quando você se preocupa, você se exercita, você come, você dorme. Toma todos os cuidados porque esse é o seu instrumento, assim como o seu carro, que você limpa, que você escuta a cada zumbido — para saber se tem algo errado. Você se preocupa até mesmo com um arranhão que apareça na carroceria. Cuide do corpo e ele será perfeitamente bonito — ele já é! O corpo é um mecanismo tão bonito, tão complexo, e ainda funciona de forma tão eficiente que, por setenta anos, continua funcionando. Se você está dormindo ou acordado, consciente ou inconsciente, ele continua funcionando sem parar, e é tão silencioso. Mesmo sem seu cuidado, ele continua funcionando, continua a lhe prestar serviços. Todos devemos ser gratos ao nosso corpo.

Simplesmente mude sua atitude e você verá que dentro de seis meses seu corpo mudou de forma. É quase como quando você se apaixona por uma mulher e, então, a vê: ela imediatamente se torna bonita. Ela pode não ter se importado com o corpo até esse momento, mas quando uma pessoa se apaixona por ela, começa a se cuidar. Passa horas diante do espelho... porque alguém a ama! O mesmo acontece com você: se amar o seu corpo, verá que ele começa a mudar. Ele é amado, é cuidado, é necessário. O corpo é um mecanismo muito delicado — as pessoas o usam muito grosseiramente, violentamente. Apenas mude sua atitude e veja!

9. BONITA E FEIA

Eu vivo com um sentimento de que sou realmente feia. De algum modo, pareço causar nos meus amigos e nas pessoas que conheço a impressão de que não é muito divertido olhar para mim.

A mente vive criando problemas desnecessários. Mas essa é exatamente a função da mente, criar problemas sem fundamento. E, depois que ela os cria, você se enreda neles e tenta resolvê-los. Não tente resolvê-los. Basta ver sua falta de fundamento. O que deve ver é a sua própria irrelevância, só isso. Se você começar a fazer algo, então terá aceitado o problema. Basta ver a irrelevância disso.

Todo rosto é lindo. Cada rosto tem uma beleza diferente. Cada rosto é um rosto incomum, e cada rosto é único. Na verdade não existe comparação, e nenhuma possibilidade de comparação. Se admitir isso, você se tornará bonita. Através da aceitação a beleza acontece. Se você se negar e rejeitar, então ficará paralisada e feia. Passa a funcionar um círculo vicioso.

Primeiro você se rejeita; você não se aceita, então se torna feia. Os outros começarão a perceber sua feiura e você vai dizer: "Certo, então é verdade. O que eu pensava era isso mesmo". Você se rejeita mais. É assim que a mente se satisfaz. Todas as profecias da mente tendem a ser cumpridas depois que você se engana no primeiro passo. O primeiro passo é que você é você.

Não existe um critério de beleza. Faz quase cinco mil anos que os filósofos tentaram definir a beleza, e não conseguiram, porque não há padrão de julgamento. Uma pessoa é linda para alguém e para outro ela não é. Até mesmo a mulher mais linda pode ser horrível para alguém. Essa é uma escolha absolutamente pessoal.

Portanto, não existe um critério... e os critérios mudam como as roupas na moda. Por exemplo, na Índia, se uma mulher não tem seios muito grandes e grandes nádegas, ela não é considerada bonita. Agora, no Ocidente, as nádegas estão quase desaparecendo; os seios também estão ficando cada vez menores. Existe um conceito diferente de beleza.

Qualquer que seja o conceito, o corpo o cumpre. Isso é algo a ser entendido. Quando em um país o conceito é que os seios grandes são lindos, as mulheres produzem seios grandes.

Normalmente, as pessoas dizem que os romances, a poesia e a literatura, refletem a sociedade. Mas funciona de maneira oposta também. Romances, poesias e literatura, criam a sociedade também. Quando você tem uma certa ideia que entra nas mentes das pessoas, funciona.

Não existe nenhum critério sobre quem é lindo e quem não é. Trata-se de um gosto pessoal, na realidade, um capricho. Mas, se você não se aceita, em primeiro lugar está criando uma situação em que ninguém poderá aceitá-la. Porque, se você não aceitar, não permitirá que ninguém a aceite.

Você vai criar todos os tipos de perturbações e problemas para o homem que se aproximar, porque ele terá de contrariar o que você pensa. Se um homem se apaixonar por você, você vai destruir esse amor, porque vai dizer: "Como ele pode se apaixonar por uma bruxa feia?", ou vai pensar que esse homem tem uma ideia muito estranha de beleza. Se você não se ama, então ninguém poderá amá-la. Em primeiro lugar, todo mundo precisa se apaixonar por si mesmo.

Jesus disse: "Ame a Deus. Ame seu próximo como a si mesmo". Essa é a coisa básica. Se você se ama, então, pode amar seu próximo e pode amar seu Deus. Mas o mandamento básico é: ame-se.

Se você se ama, se está feliz consigo mesma, atrairá muitas pessoas. Uma mulher que se ama deve ser bonita, precisa ser linda. Ela cria a beleza a partir do amor por si mesma. Ela se torna uma graça, uma dignidade.

10. BELEZA FALSA E VERDADEIRA
O que é beleza?

A beleza interior é a única beleza que existe. Toda beleza, todas as belezas são apenas por baixo da pele. Podemos nos enganar por um tempo, mas, cedo ou tarde, a outra beleza desaparece e somos deixados na mais absoluta feiura porque nunca desenvolvemos a beleza verdadeira. A verdadeira beleza não tem nada a ver com o rosto, mas com a luminosidade que vem do seu interior. Não tem nada a ver com a forma dos olhos, mas com a luz que os ilumina. Não tem nada a ver com o corpo, mas com a presença interior que vibra através dele. A verdadeira beleza surge no âmago, no cerne do seu ser, e se espalha pelo corpo. A falsa beleza se manifesta apenas na superfície; não tem raízes em você. Não tem fundamento.

Lembre-se: é preciso buscar a beleza verdadeira. O que é verdadeiro é eterno, permanece: depois que o encontrou, você o encontrou para sempre. O momentâneo é simplesmente um desperdício de tempo, é um tipo de sonho. Podemos permanecer ocupados em um sonho por um tempo, mas no momento em que acordamos, vemos que foi uma tolice, uma estupidez.

11. ENVELHECIMENTO
Socorro! Estou envelhecendo!

Um sentimento muito bom em relação ao próprio corpo contribui tremendamente para a vida. Esse sentimento torna você mais saudável, mais completo. Muitas pessoas se esquecem de seu corpo; elas se tornam inconscientes e pensam no corpo como se fosse algo que deve permanecer oculto atrás da roupa, algo que deve sempre ser coberto e que não pode nunca ser visto; algo obsceno, impuro. Noções absurdas, noções neuróticas.

O corpo é lindo. O corpo como tal é bonito; jovem ou velho, não faz diferença. É claro que a juventude tem a sua própria beleza e a velhice, a sua própria.

O corpo jovem é mais cheio de vida. O corpo antigo é mais sábio. Cada idade tem a sua própria beleza, não há necessidade de comparação. Particularmente no Ocidente, o corpo antigo tornou-se uma experiência muito assustadora, porque a vida é de algum modo considerada sinônimo de juventude, o que é uma ideia tola. No Oriente é melhor. A vida é mais sinônimo de velho, porque uma pessoa idosa viveu mais, vivenciou mais, amou mais; conheceu muitos momentos da vida, viveu altos e baixos. O velho viveu a juventude. A juventude ainda precisa vivenciar a velhice.

O corpo antigo simplesmente carrega todas as experiências, as cicatrizes, as feridas, a graça que sobrevêm através das experiências de amadurecimento. Depois que você começa a desfrutar do seu corpo e a amá-lo em qualquer estágio, de repente, você sente que recuperou a sua beleza, e isso libera muitas coisas por dentro.

12. FRIGIDEZ

Tenho um problema sexual... Sinto que há algo errado comigo, mas sempre finjo que gosto de sexo com homens.

Devemos superar o sexo um dia, mas o caminho para essa superação passa pelo próprio sexo, e se você nunca o assumir corretamente será muito difícil superá-lo. Portanto, passar pelo sexo faz parte da superação. As pessoas que não conseguem desfrutar o sexo podem ter assimilado alguma atitude, podem ter sido condicionadas.

Em todo o mundo, de algum modo, a humanidade está sendo corrompida pelas pessoas, e a maior corrupção é que todos sejam ensinados a se sentir culpados por se divertir... como se algo estivesse errado quando você está feliz. Quando você é infeliz, tudo está bem, mas quando você está feliz, algo está errado. Portanto, a felicidade foi esmagada e reprimida, e a menos que você tenha uma explosão de felicidade, perderá toda a oportunidade da vida.

A vida existe para isso: para que se aprenda a ser absolutamente feliz... como explodir de felicidade. E com certeza o sexo traz a maior possibilidade de explosão. É uma das maneiras mais naturais de ter um vislumbre do *samadhi*, da meditação profunda, da bênção. Existem outras maneiras de alcançar a bênção, mas não tão naturais. O sexo é o caminho mais natural — biologicamente incorporado. É um dom de Deus para qualquer um, pode ser religioso, não religioso, hindu, maometano, pode acreditar que Deus existe, pode não acreditar, ser comunista, ateu, seja o que for... É uma coisa que existe naturalmente e que proporciona um vislumbre de algo além — além do corpo, além da mente.

Então, sendo mulher, três coisas você precisa lembrar e experimentar. Primeiro, quando estiver fazendo amor, seja ativa. Se permanecer inativa, o desinteresse vai acontecer com facilidade. Quando estiver ativa não acontecerá com tanta facilidade. Diga ao seu namorado que ele precisa desempenhar o papel da mulher enquanto você vai desempenhar o papel do homem. Encare isso como uma brincadeira. Deixe-o ser mais passivo e você vai ser mais ativa. Quando se está mais ativo, a atividade é mais envolvente, a energia está mais envolvida — é difícil detê-la no meio. Mas, quando se está passivo, pode-se parar a qualquer momento, porque se está quase fora da atividade. Você está lá como um espectador. Portanto, torne-se mais ativa. Essa é apenas uma medida temporária. Depois de alcançar a experiência orgástica, não haverá mais necessidade, você poderá começar a desempenhar seu antigo papel de ser mulher. Isso é apenas temporário. Portanto, diga ao seu namorado que ele deve ser a mulher e que você precisa ser o homem, e ser ativo.

A segunda coisa: antes de fazer amor, dancem juntos. Faça com que seja uma dança selvagem. Cantem alto, dancem, toquem música se quiserem. Acendam incenso no aposento. Criem um ritual elaborado... quase religioso. As pessoas não chegam ao ato do amor em etapas. Duas pessoas estão sentadas e de repente começam a fazer amor. Isso é tão abrupto — e é muito abrupto para a mulher. Para o homem não é tão abrupto, porque a energia do homem é um tipo diferente de energia e a sexualidade do homem é mais local. A sexualidade da mulher é mais total; todo o seu corpo deve estar envolvido no sexo. Então, a menos que o sexo seja precedido por uma atividade preliminar, uma mulher nunca se aprofundará nele.

Portanto, primeiro dance, cante, deixe a energia explodir e depois seja o parceiro ativo. Fique selvagem! Não siga nenhum padrão — seja selvagem. Se quiser gritar enquanto faz amor, não se preocupe. Se quiser cantar, não se preocupe. Se quiser apenas dizer palavras sem nexo, diga — isso pode funcionar como um mantra.

A terceira coisa: todos os dias, desde a manhã até a noite, você deve observar em que outras coisas também deve estar reprimindo a sua alegria. Deve mudar tudo completamente. Quando estiver comendo, coma com alegria, porque tudo está interligado. Quando dançar, a alegria precisa fazer parte da dança. Ao meditar, seja alegre. Falando com uma pessoa, seja alegre, seja radiante, siga fluindo. Andando na rua, ande alegremente. Não sabemos o quanto estamos perdendo. Uma simples caminhada comum na rua pode ser apreciada tremendamente. Quem sabe? — pode não haver outro dia novamente. Amanhã você pode não ser capaz de caminhar pela rua. Amanhã você pode não estar lá para receber o sol. O vento estará lá, mas você pode não estar lá. Quem sabe sobre o amanhã? Então, este pode ser o último dia.

Sempre aproveite cada momento como se fosse o último. Aproveite tudo, curta tudo completamente, não deixe nada sobrando. É assim que se vive intensamente e apaixonadamente. O sexo é apenas um subproduto de sua atitude como um todo, você não pode simplesmente mudar sua postura em relação ao sexo — isso não é possível. Tudo está interligado, então você precisa mudar tudo.

Coma com alegria! Não continue comendo como se fosse uma obrigação, assim você só entulha o corpo — divirta-se! Considere isso um sacramento. Ao caminhar — divirta-se. É uma dádiva de Deus e precisamos agradecer por isso. Conversando com alguém, divirta-se.

Portanto, a partir deste momento, comece a apreciar coisas que aparentemente não têm nada a ver o sexo, entendeu? O resultado total será que, se você gostar de outras coisas, também gostará do sexo. Se não gostar de outras coisas, também não vai gostar do sexo.

Essa é a minha observação — que a atitude em relação ao sexo é uma atitude muito simbólica; ela mostra tudo em relação à sua vida como um todo. Portanto, você também não curtirá outras coisas, ou apenas curtirá até certo ponto e depois vai acabar parando. Uma pessoa que tem medo da felicidade, da alegria, tem medo de muitas coisas. Vai até certo ponto e depois para.

Faça essas três coisas e me conte como foi depois de três semanas. Três semanas de vida selvagem. Esqueça toda a humanidade, seja um animal, um animal puro, e então eu posso fazer de você um ser humano com a maior facilidade. Mas, para ser um animal, é preciso aprofundar as coisas.

A menos que você seja um animal de verdade, não vai conseguir se tornar uma pessoa de verdade. E, a menos que você seja uma pessoa de verdade, não vai conseguir se tornar um ser divino.

Tudo tem uma hierarquia: o animal é a base do templo, a humanidade é o muro do templo e a divindade é o telhado. O telhado não pode existir sem a base. Pode-se ter o telhado, mas se não houver paredes, também o telhado não pode se sustentar. O ser humano é um prédio de três andares: o primeiro andar é animal, o segundo é humano, o terceiro é divino. Comece a partir do primeiro, desde o início — coloque a pedra fundamental.

13. IMPOTÊNCIA

Sempre que estou fazendo amor com uma mulher, aparece esse medo da impotência.

A atitude ocidental é sempre sobre fazer as coisas acontecerem, fazer alguma coisa! E há algumas coisas que não podem ser feitas. O Ocidente fica muito louco!

Por exemplo, dormir e sexo. Essas são coisas que você não pode fazer, por isso, o Ocidente também sofre de falta de sono, de insônia e também de sexo. Todo mundo está preocupado porque não está sentindo como deveria. O orgasmo não acontece ou é muito local, ou é muito morno ou não é total. E o sono não é bom: há muitos sonhos. A pessoa acorda muitas vezes ou é preciso esperar horas para que o sono venha. As pessoas estão experimentando todos os tipos de coisas para dormir: tranquilizantes, truques, mantras e a Meditação Transcendental.

E sobre o sexo também as pessoas estão muito preocupadas. Essa preocupação e esse esforço para fazer algo é o problema.

O sexo acontece; não é uma coisa que você precisa fazer. Você precisa aprender a atitude oriental em relação ao sexo, a atitude do Tantra. A atitude do Tantra é que você seja amoroso com a pessoa. Não há necessidade de planejar, não há necessidade de ensaiar mentalmente. Não há necessidade de fazer nada em particular: apenas seja amoroso e disponível. Continuem brincando com a energia um do outro. Quando você começar a fazer amor, não haverá necessidade de torná-lo ótimo. Caso contrário, você estará fingindo, assim como a outra pessoa. Ela vai fingir que é uma grande amante e você vai fingir que é um grande amante... e ambos ficarão insatisfeitos! Não há necessidade de fingir nada.

O sexo é uma oração muito silenciosa. Fazer amor é meditação. É sagrado, é o santíssimo dos santos. Enquanto você estiver fazendo amor com uma mulher, vá muito devagar... com gosto, absorvendo todos os gostos. E muito devagar: não há pressa, não precisa se apressar; há tempo suficiente.

Enquanto faz amor, esqueça o orgasmo. Em vez disso, permaneça em um estado relaxado com a mulher, relaxem-se um ao outro. A mente ocidental fica pensando continuamente quando o orgasmo chegará e como torná-lo rápido e ótimo, e isso e aquilo. Esse pensamento não permite que as energias do corpo funcionem. Não permite que o corpo tenha seu próprio modo de ser; a mente fica interferindo...

Relaxe com a outra pessoa. Se nada acontecer, não há necessidade de nada acontecer. Se nada acontecer, então é o que está acontecendo... e isso também é lindo! O orgasmo não é uma coisa que precisa acontecer todos os dias. O sexo deveria ser apenas estar juntos, apenas se dissolvendo um no outro. Pode-se continuar a fazer amor por meia hora, durante uma hora, apenas relaxando um com o outro. Então você estará totalmente desprovido da sensatez da mente, porque não existe a necessidade da mente. O amor é a única coisa em que a mente não é necessária, e é aí que o Ocidente erra: os ocidentais levam a mente até aí!

Simplesmente relaxem um com o outro e se esqueçam da mente. Aproveitem a presença do outro, o encontro, percam-se nele. Não tentem fazer nada além disso; não há nada a fazer. Dessa maneira, um dia acontecerá um orgasmo profundo; não haverá um apogeu. Haverá apenas relaxamento, mas esse tem seu próprio ponto máximo, porque tem profundidade. Algum dia, o corpo vai se desencadear em um pico de orgasmo, e isso também vai acabar acontecendo; basta simplesmente você estar lá.

Às vezes, haverá um orgasmo profundo, às vezes haverá um pico... e esse é o ritmo. Você não pode ter um pico todos os dias. Se tiver apenas picos, o pico não será muito intenso. Você deve merecer o pico de orgasmo passando pelo orgasmo profundo. Portanto, é meio a meio. Às vezes, acontecerá um orgasmo profundo. Perca-se nas suas profundezas, no seu frescor sombrio e na sua paz. É assim que você faz jus a um pico. Um dia as energias estão prontas: elas próprias conduzem ao pico. Não que você as esteja atraindo. Como você poderia? Quem é você e como poderia conseguir? Nos momentos de profundidade, a energia se acumula; o pico nasceu das profundezas. Então, acontece um orgasmo excepcional; todo o seu ser se inunda de alegria.

No pico haverá alegria, nas profundezas misteriosas haverá paz. Os dois são belos. E, finalmente, a paz é mais valiosa do que a alegria, porque a alegria é momentânea: você não pode permanecer no auge por mais de um momento. Um pico significa algo muito pequeno; é como o alto de uma pirâmide. Você não aguenta por muito tempo, pode permanecer lá apenas por um momento. Mas pode ficar quanto quiser nas profundezas do orgasmo profundo, é bom. Os dois devem ser apreciados; os dois têm algo a proporcionar. Os dois são significativos e ajudam a crescer.

Por fim, o Tantra diz que o orgasmo profundo é muito superior ao pico. O pico do orgasmo é imaturo, o orgasmo profundo carrega uma grande maturidade. O pico do orgasmo tem emoção: é febril, é paixão. Tem uma emoção, mas essa emoção é cansativa. O orgasmo profundo não tem emoção, mas tem silêncio, e esse silêncio é muito mais valioso, muito mais transformador. Ele permanecerá com você durante 24 horas. Depois de passar por um orgasmo profundo ele seguirá com você. O pico se perde logo, você ficará esgotado e cairá no sono. O orgasmo profundo permanece, durante dias pode exercer algum tipo de influência em você. Vocês vão se sentir relaxados, juntos.

Os dois orgasmos são bons, mas não se pode fazer nada a respeito, simplesmente aceitar. Portanto, o amor é um tipo de relaxamento no qual as coisas devem ser aceitas.

14. SENSAÇÃO DE RETRAIMENTO
Às vezes, eu gostaria de me esconder em um buraco escuro, especialmente quando estou menstruada.

♦ O equilíbrio entre corpo e mente ♦

Existem ondas de energia. Às vezes, é uma maré e às vezes é o refluxo. Quando você está em uma maré, é muito fácil se relacionar, se comunicar, estar aberta, amar, receber, dar. Quando você não está em uma maré e a energia está se espalhando, é muito difícil se comunicar, quase impossível. Mas ambas vão e vêm — ambas fazem parte da vida. Não há nada de errado nisso, é natural — lembre-se de aceitar.

Quando você sente que está no período de refluxo, não tente se comunicar. Não se force a se abrir porque essa abertura não vai acontecer. Esse é o momento da semente. Você simplesmente se fecha e permanece dentro de si mesma. Use esse período para uma meditação profunda. Ele é muito fértil para a meditação. Quando você estiver em uma maré e a energia fluir e for subindo, esse é o momento do amor. Então, se relacione, seja aberta, compartilhe. Esse é o momento da colheita, mas que não perdura o ano todo. Dizem que, mesmo no céu, os anjos não cantam o tempo todo.

Quando houver música, cante. Quando sentir que tudo está se fechando, apenas ajude a fechar. Isso é o que significa ser natural. Ser natural não quer dizer que você deva permanecer aberta por 24 horas — você não é uma loja mágica. Há momentos em que alguém deve fechar, caso contrário, será muito cansativo, muito tedioso, chato. Não há necessidade de sorrir continuamente, apenas os políticos fazem isso, e eles são as pessoas mais estúpidas do mundo.

Há momentos em que as lágrimas são bem-vindas, devem ser bem-vindas. Há momentos em que você se sente triste — a tristeza é linda, então, quando se sentir triste, fique triste. Quando se sentir feliz, fique feliz. Ser autêntico significa nunca ser contra o que já está acontecendo. Vá com a corrente... confie. De noite as pétalas do lótus se fecham, de manhã, abrem-se novamente, mas esse é um processo natural.

Na mente moderna, particularmente na nova geração, está surgindo uma noção muito errada de que se deve sempre se abrir; que se precisa ser sempre amoroso. Esse é um novo tipo de tortura, um novo tipo de repressão, uma nova moda de violência. Não há necessidade.

Uma pessoa autêntica é aquela que é sempre ela mesma, não importa o que aconteça você pode confiar nela. Se ela está triste, você pode confiar, que deve estar mesmo triste; ela é uma pessoa verdadeira. Se estiver fechada, você pode confiar nela, você pode acreditar nela. É um estado de meditação — ela quer apenas estar dentro de si mesma. Não quer sair, está em profunda introspecção. Bom! Se ela está sorrindo e falando, ela quer se relacionar e sair de seu ser e compartilhar. Você pode confiar nessa pessoa.

Portanto, não tente impor nada de sua mente sobre o seu ser. Deixe o ser dizer o que tem a dizer e a mente deve ser apenas um seguidor, um servo. Mas a mente sempre tenta se tornar o senhor. Não vejo nada de errado nisso. Apenas viva esse período e, por sua vez, você poderá observar que todos os meses será assim. Por alguns dias você estará muito aberta — por alguns dias você estará fechada. Isso é mais evidente nas mulheres do que nos homens, porque as mulheres ainda vivem em uma periodicidade. Por causa de seu curso mensal, sua química, a química do corpo acontece em períodos — 28 dias e a menstruação vem novamente — o relógio interno funciona. Na verdade, o mesmo acontece com o homem, mas é mais sutil, mais invisível.

Recentemente alguns pesquisadores revelaram que há uma espécie de período mensal no homem também, mas é muito invisível porque não há liberação de sangue. Enquanto durante quatro dias de todo mês a mulher passa por um estado de energia muito baixa, todo homem também passa por um estado de baixa energia por quatro dias todos os meses, mas isso não é tão físico, nem tão visível; é mais psíquico — mais interno do que externo.

No entanto, se você observar seus estados, será capaz de identificá-los... Continue observando com o calendário. Tenho a impressão de que você e seus humores mudam de acordo com a lua, portanto apenas observe e tome nota de como você muda com a lua. Faça um calendário por pelo menos um, dois meses, e depois poderá mesmo prever. Então poderá planejar sua vida assim.

Se deseja encontrar os amigos, nunca os encontre quando você estiver fechada; encontre-os quando estiver aberta. Mas não há nada de errado nisso — esse é apenas um processo natural.

15. HIPOCONDRIA

Vivo constantemente preocupado com meu corpo, que ele possa adoecer. Você pode me dar um conselho?

Se você pensa demais no corpo, o corpo fica doente, e quando o corpo fica doente, naturalmente você pensa mais sobre isso. Então se torna um círculo vicioso.

Mesmo se uma pessoa saudável, uma pessoa perfeitamente saudável, começar a pensar em seu estômago, como ele vai digerir isso e aquilo, e pensar o que vai acontecer, no prazo de 24 horas o estômago estará perturbado. E depois que estiver perturbado, a pessoa vai pensar mais. Não há nada basicamente errado com o corpo. É só uma ideia que se formou. A medicina não pode ajudar, porque a medicina não pode curar a ideia. Você pode ir de um médico para outro, de um "caminho" para outro "caminho", e eles não serão de grande ajuda. Podem até perturbá-lo, porque seus medicamentos farão algo, mas eles não podem curar a ideia. Não há outra doença a não ser a ideia. Portanto, seus medicamentos terão efeitos colaterais; eles são todos venenos.

Quanto mais você se engana buscando um médico mais se preocupa com o corpo. Então, surge uma consciência corporal. Você se torna muito sensível ao corpo. Apenas uma ligeira mudança, apenas uma ligeira dificuldade, apenas um leve desconforto, e você entra em pânico. Assim, o pânico ajuda o corpo a se tornar cada vez mais perturbado.

A primeira coisa na minha sugestão, é que você deixe de lado a ideia. Comece a viver.

♦

Aconteceu uma vez.... Um homem foi informado por um médico que não viveria mais de seis meses. Esse homem estava doente havia vinte anos, com 1001 tipos de doenças. Tudo o que pode acontecer com alguém acontecia com ele. Os médicos estavam cansados; e ele era muito rico. Ele era um hipocondríaco e, por puro cansaço, o médico disse:

— Você não pode sobreviver, então esqueça. Daqui a seis meses você vai morrer, isso é certo. Ninguém pode salvá-lo. Então, se quiser viver, pode viver por seis meses.

O homem pensou: "Se vou viver apenas seis meses, por que me preocupar com o corpo? Vou morrer". Então, pela primeira vez, ele mudou sua consciência. Ele comprou as melhores roupas, os melhores carros e planejou uma turnê mundial. Foi a todos os lugares aos quais sempre quis visitar, porém, não tinha ido por causa do seu corpo. Ele viajou ao redor do mundo, comeu tudo o que sempre quis comer, fez amor com as mulheres, comprou tudo o que queria... realmente viveu! A morte estava chegando, então não fazia sentido ele se conter. Depois de seis meses quando ele voltou, estava mais saudável do que nunca. Ele viveu mais trinta anos e o problema nunca mais surgiu!

◆

Você deve deixar de lado essa consciência. A naturopatia, por exemplo, é boa porque não é um caminho, é apenas um descanso. Mas não se torne um maníaco, caso contrário, será uma doença. A naturopatia em si não é um caminho; é apenas dar descanso ao corpo, dando ao corpo uma situação em que possa se afinar com a natureza. É uma sintonia com a natureza instintiva; não é medicinal. Mas o problema com a naturopatia é que ela pode se tornar uma moda. Então, a moda é mais perigosa do que a doença. É muito raro... a naturopatia ajuda muitas pessoas, mas é muito raro que uma pessoa que tenha sido ajudada por ela não adoeça em razão da própria naturopatia. Isso é muito raro, por isso ela se torna uma moda passageira. A pessoa fica pensando o tempo todo sobre o que comer, o que não comer, aonde ir, aonde não ir, e sobre a ecologia e tudo isso.

Então a vida se torna difícil novamente. Você não pode respirar porque há muita poluição no ar. Você não pode comer em um hotel porque as coisas não estão preparadas de forma natural. Você não pode comer isso e não pode comer aquilo, porque prefere apenas alimentos naturais. Você não pode viver em uma cidade. E então as coisas ficam difíceis.

Lembre-se sempre, a naturopatia é apenas um descanso. Isso é bom — de vez em quando, mesmo sem razão, alguém deveria ir a uma clínica de naturopatia e descansar por duas, três semanas, um mês ou dois meses, tanto quanto se possa pagar todos os anos e sem motivo específico, apenas para curtir a natureza e os alimentos naturais, os banhos, as saunas e as massagens. Não por qualquer motivo, mas apenas pela simples alegria, pela pura alegria que isso dá. Mas abandone a ideia de que está doente. Pense em seu rei interior; o corpo é apenas um palácio.

16. ESTIMULAR OS SENTIDOS
Faço trabalho intelectual e passo a maior parte do tempo no computador. Muitas vezes me sinto tão desanimado...

Sinta mais o seu corpo. Estimule os seus sentidos. Veja com mais carinho, saboreie com mais intensidade, toque mais amorosamente, cheire mais meigamente. Deixe seus sentidos funcionarem cada vez mais. Dessa maneira, você vai ver que a energia que circulava demais na cabeça passa a circular melhor por todo o corpo.

A cabeça é muito ditatorial. Ela insiste em roubar a energia de todas as partes do corpo e é monopolizadora. Isso abafa os sentidos. A cabeça consome quase 80% da energia e deixa apenas 20% para o resto do organismo. É claro que todo o corpo sofre, e quando todo o corpo sofre, você sofre, porque só pode ser feliz quando está funcionando como um todo, como uma unidade orgânica, e cada parte do seu corpo e ser recebe sua parte proporcionalmente; não mais do que isso, não menos do que isso. Você funciona em um ritmo. Você tem uma harmonia.

Harmonia, felicidade, saúde — são todos parte de um fenômeno, e isso é totalidade. Se você é todo, você é feliz, saudável e harmonioso.

A cabeça cria uma perturbação. As pessoas perdem muito com isso. As pessoas não conseguem cheirar; perdem a capacidade de cheirar.

Elas perdem o paladar. Só conseguem ouvir algumas coisas. Perdem a audição. As pessoas não sabem o que realmente é o toque. Sua pele torna-se morta; perde a suavidade e a receptividade. A cabeça prospera como um Adolf Hitler, esmagando todo o corpo. A cabeça fica cada vez maior. É muito ridículo. O ser humano é quase como uma caricatura — uma cabeça muito grande com os membros muito pequenos pendurados.

Recupere os seus sentidos. Faça qualquer coisa com as mãos, com a terra, com as árvores, com as rochas, com os corpos, com as pessoas. Faça qualquer coisa que não precise de muito pensamento, nem de muita intelectualização. Curta o que faz. Sua cabeça pouco a pouco ficará aliviada. Isso também será bom para a cabeça, porque quando a cabeça está sobrecarregada demais, ela pensa, mas não consegue se organizar. Como pensa uma mente preocupada? Para pensar você precisa de clareza. Para pensar você precisa de uma mente não tensa. Parece um paradoxo, mas para pensar você precisa de uma mente distraída. Assim você poderá pensar com maior facilidade, direta e intensamente. Basta colocar um problema à sua frente e sua mente vazia começa a resolvê-lo. Aí você adquire intuição. Não preocupação — apenas percepção.

Quando a mente está sobrecarregada demais com pensamentos, você pensa demais, mas sem propósito. Não lhe ocorre nada; não há nada na cabeça. Você dá uma volta ao redor; faz muito barulho, mas o resultado final é zero.

Portanto, não é contrário à cabeça dispersar energia em todos os sentidos. É favorável a ela, porque quando a cabeça está equilibrada, no lugar certo, ela funciona melhor; caso contrário, está congestionada. O tráfego é grande demais. É quase um horário de pico; por 24 horas, um horário do rush.

O corpo é lindo. Tudo o que tem a ver com o corpo é lindo.

17. SENSIBILIDADE
O que é sensibilidade?

Sensibilidade significa que você está aberto, suas portas estão abertas, você está pronto para pulsar com a existência. Se um pássaro começa a cantar, a pessoa sensível imediatamente sente a música que ecoa em seu âmago mais profundo. A pessoa não sensível não escuta, ou imagina que talvez se trate apenas de um ruído em algum lugar. O som não penetra seu coração. Um passarinho canta — a pessoa sensível sente como se o pássaro não cantasse de um galho distante, mas do fundo da própria alma. Esse se torna seu chamado, torna-se seu anseio pelo divino, seu desejo pela amada. Nesse momento, o observador e o observado são uma coisa só. Ao ver uma bela flor, a pessoa sensível floresce com ela, torna-se uma flor com ela.

A pessoa sensível é maleável, fluida, flexível. Não importa qual seja a experiência, ela se torna essa experiência. Ao ver um pôr do sol, ela é o pôr do sol. Ao admirar a noite, uma noite escura, com sua escuridão linda e silenciosa, ela se torna essa escuridão. De manhã ela se torna a luz.

Ela é tudo o que a vida é. Saboreia a vida onde quer que se manifeste. Por isso, se torna abundante; e isso é uma verdadeira riqueza. Ao ouvir música, ela é a música, ao ouvir o som da água, ela se torna esse som. E quando o vento atravessa um bosque de bambu e os bambus vibram... ela não se sente afastada deles. Ela está entre eles, é um deles — é um bambu.

◆

Um mestre zen disse a um de seus discípulos cujo desejo era pintar bambus:
— Vá e se torne um bambu.
Ele era um pintor consumado, passara em todas as provas artísticas com distinção. Seu nome já começara a se tornar famoso. E o mestre disse:
— Vá à floresta, viva com os bambus por alguns anos, torne-se um bambu. E no dia em que conseguir se tornar um bambu, volte e pinte, não antes disso. Como você pode pintar um bambu se não sabe o que um bambu sente por dentro? Você pode pintar um bambu por fora, mas isso seria apenas uma fotografia.
Essa é a diferença entre a fotografia e a pintura. A fotografia jamais será uma pintura. Por melhor que seja obtida, com habilidade, artisticamente, continuará sendo apenas o reflexo da circunferência do bambu. Nenhuma câmera é capaz de penetrar a alma.
Quando se revelaram as primeiras fotografias espalhou-se um grande medo pelo mundo da pintura de que talvez a pintura perdesse sua antiga beleza e seu velho pedestal, porque a fotografia seria desenvolvida cada vez mais todos os dias e logo ocuparia seu lugar. Esse medo era absolutamente infundado. Na verdade, após a invenção da câmera, a fotografia se desenvolveu tremendamente, mas ao mesmo tempo a pintura aprendeu novas dimensões, novas visões, novas percepções. A pintura tornou-se mais inspirada; precisava se tornar. Antes da invenção da câmera, o pintor atuava como uma câmera.
Então o mestre disse:
— Você vai à floresta.
E o discípulo foi, e durante três anos ele permaneceu na floresta, convivendo com os bambus em todos os tipos de climas. Porque, quando chove, o bambu tem uma alegria, e quando venta o bambu tem um humor diferente, e quando faz sol é claro que tudo muda no ser do bambu. Quando um passarinho entra no bosque de bambu e começa a

cantar, os bambus ficam silenciosos e ecoam seu canto. O discípulo precisava permanecer por três anos. E então aconteceu, um dia aconteceu: sentado ao lado dos bambus, ele se esqueceu de quem era. O vento começou a soprar e ele começou a balançar — como um bambu! Só mais tarde se lembrou de que por muito tempo não tinha sido uma pessoa. Ele entrou na alma do bambu, depois pintou os bambus.

Esses bambus com certeza têm uma característica totalmente diferente que nenhuma fotografia pode captar. As fotografias podem ser lindas, mas mortas. Aquela pintura está viva porque mostra a alma do bambu em todos os seus estados de espírito, em toda a sua riqueza, em todos os seus climas. A tristeza está lá, e a alegria está lá, e a agonia está lá, e o êxtase está lá, e tudo o que um bambu sabe, toda a biografia de um bambu está lá.

◆

Ser sensível é estar disponível para os mistérios da vida. Torne-se cada vez mais sensível e abandone toda censura. Deixe que seu corpo se torne simplesmente uma porta.

18. COMIDA DEMAIS, SEXO DE MENOS

Desde que meu relacionamento acabou, comecei a comer demais e engordei. Como posso recuperar meu equilíbrio e comer menos?

Sempre que você não permite que a energia sexual circule como deve, começa a ficar obcecada por comida. Comida e sexo são polaridades; equilibram-se mutuamente. Se você tiver muito sexo, seu interesse por comida desaparecerá. Se reprimir sua sexualidade, seu interesse pelos alimentos se tornará quase uma obsessão. Você não pode fazer nada diretamente em relação à sua alimentação e, se tentar, estará constantemente com problemas. Por alguns dias, é possível que consiga se controlar à força, mas depois o problema persistirá e estará de volta com uma vingança. Então você terá de cuidar de sua energia sexual.

O problema acontece porque as primeiras experiências da criança são associadas muito profundamente aos alimentos e ao amor. Ela recebe comida e também amor do peito da mãe. Quando recebe amor, a criança não está preocupada com o leite; a mãe precisa persuadi-la. Se a criança não recebe amor, então não deixa o peito, porque tem medo do futuro. Ela precisa sugar o quanto puder, porque não consegue ter certeza de quando a mãe estará disponível. Se a criança receber amor, se sentirá segura; não irá se incomodar. Sempre que houver necessidade a mãe estará disponível; ela pode confiar em seu amor. No entanto, se a mãe não for amorosa, a criança não poderá confiar; então precisará beber o máximo que puder. E continuará comendo demais.

Portanto, se não é amada, a criança se interessa por comida. Se recebe amor, ela não se interessa pela comida, ou tem apenas um interesse natural — tanto quanto seja necessário ao corpo.

Se de algum modo você bloquear sua energia do amor, essa energia bloqueada se tornará seu interesse pelos alimentos. Se quiser mudar, você terá de se ocupar mais do amor, terá de se tornar mais carinhosa. Ame seu próprio corpo — comece a partir daí; curta o seu corpo. Ele é um fenômeno bonito, é uma dádiva. Dance, cante, sinta e toque o próprio corpo.

O problema é que se você não ama seu próprio corpo, não permitirá que ninguém o ame também. Na verdade, a pessoa que tentar amá-la parecerá ridícula, tola, estúpida. Como você não é capaz de amar o seu corpo, o que a outra pessoa está vendo em você? Você não vê nada! A menos que comece a ver a beleza de seu próprio corpo, não poderá aceitar o amor de outra pessoa. A própria ideia de que o outro seja carinhoso com você mostra que ele é idiota e nada mais.

Seja carinhosa com seu corpo. E se surgir alguma oportunidade na qual possa amar, abraçar, andar de mãos dadas, não perca a chance. Você ficará surpresa: no momento em que passar a dar mais atenção ao amor, o problema alimentar se resolverá automaticamente. Apaixonar-se é uma ótima experiência e encher-se de comida é uma experiência muito infeliz. Não que a comida não seja maravilhosa, mas a comida só é maravilhosa quando consumida em certas quantidades que você possa absorver. Quando você consome demais, ela se torna enjoativa.

Esse é um aspecto maravilhoso do amor: o amor nunca é demais. Ninguém pode amar ao extremo, ninguém; não existem extremos no amor. Quando você come, você se sacia de comida; quando você ama, você compartilha, você dá. O amor é um fenômeno que provoca alívio. E quanto mais você dá, mais sua energia começa a fluir. Você se torna um rio, não é mais uma piscina estagnada.

Foi isso o que fez: você fez da sua energia uma piscina estagnada.

Rompa as paredes! Você está deixando desnecessariamente de desfrutar algo maravilhoso que o amor, e somente o amor, pode proporcionar, e, em vez disso, fica sofrendo com esse problema de comida.

19. DESINTOXICAÇÃO PELO JEJUM
Você recomenda o jejum como um método para desintoxicar o corpo? Comecei a me tornar vegetariana recentemente.

Sempre que você estiver de jejum, o corpo não precisará fazer o trabalho da digestão. Nesse período, o corpo pode se ocupar do descarte de células mortas, das toxinas. É como quando, em um dia, domingo ou sábado, você está de folga e fica em casa para se ocupar da limpeza o dia inteiro. Durante toda a semana, você estava tão comprometida e ocupada, que não conseguia limpar a casa. Quando o corpo não tem nada para digerir, você não comeu nada, o corpo começa a autolimpeza. O processo começa espontaneamente e o corpo começa a se desfazer de tudo o que não é necessário, que é como uma carga. O jejum é um método de purificação. De vez em quando, um jejum é lindo — não fazer nada, não comer, simplesmente descansar. Tome o máximo de líquidos possível e basta descansar, e o corpo ficará limpo.

Às vezes, se sentir a necessidade de um jejum mais longo, você poderá fazer um jejum mais demorado também — mas não deixe de amar seu corpo também. E, se sentir que o jejum está prejudicando o corpo de algum modo, interrompa-o. Se o jejum estiver ajudando o corpo, você se sentirá mais cheia de energia; se sentirá mais viva; se sentirá rejuvenescida, vitalizada. Esse deve ser o critério: se começar a sentir que está ficando mais fraca, se começar a sentir um tremor sutil se manifestar no corpo, então fique atenta — agora o problema não é mais de purificação. Tornou-se destrutivo. Pare com isso.

Mas é preciso aprender toda a ciência do jejum. Na verdade, deve-se jejuar perto de alguém que tenha jejuado por muito tempo e que conhece bem todo o processo, conhece todos os sintomas: se o jejum se tornar destrutivo, o que começará a acontecer; se não for destrutivo, o que acontecerá. Depois de um jejum de verdade, purificador, você se sentirá nova, mais jovem, mais limpa, sem peso, mais feliz; e o corpo funcionará melhor porque está aliviado das cargas inúteis. Mas o jejum só convém se você estiver comendo de maneira errada. Se você não tem comido de maneira errada, não há necessidade de jejuar. O jejum só é necessário quando você fez alguma coisa errada com o corpo — e todos nós temos nos alimentado de maneira errada.

O ser humano se perdeu no caminho. Nenhum animal come como o ser humano; todo animal tem seu alimento de escolha. Se você trouxer búfalos para o seu jardim e deixá-los à vontade, eles comerão apenas um determinado tipo de grama. Não vão ficar comendo tudo o que aparecer pela frente — eles são muito criteriosos. Eles têm uma noção definida sobre os seus alimentos. O ser humano está completamente perdido, não tem noção nenhuma em relação à sua comida. Sai comendo tudo o que encontra pela frente. Na verdade, em qualquer lugar, você não consegue encontrar nada que não seja comida para o ser humano. Em alguns lugares, comem-se formigas. Em outros lugares, comem-se cobras. Em outros ainda, comem-se cães. O ser humano come tudo. O ser humano é simplesmente louco. Não sabe o que está em ressonância com seu corpo e o que não está. Ele se encontra completamente confuso.

O ser humano, naturalmente, deveria ser vegetariano, porque todo o nosso corpo é feito para a comida vegetariana. Até mesmo os cientistas reconhecem o fato de que toda a estrutura do corpo humano mostra que o ser humano não deve ser um não vegetariano. O ser humano deriva dos macacos. Os macacos são vegetarianos — vegetarianos absolutos. Se Darwin estiver certo, o ser humano deveria ser vegetariano. Atualmente existem maneiras de avaliar se uma determinada espécie de animal é vegetariana ou não vegetariana: depende do intestino, do comprimento do intestino. Os animais não vegetarianos têm um intestino muito pequeno. Tigres, leões — eles têm um intestino muito pequeno, porque a carne já é um alimento digerido. Não requer um intestino longo para a sua digestão. O trabalho de digestão já foi feito pelo animal. Você come a carne do animal. Ela já está digerida, não é necessário um intestino longo. O ser humano tem um dos intestinos mais longos que existem: isso significa que o ser humano é vegetariano. Precisa de uma longa digestão e haverá excrementos que deverão ser descartados.

Se o ser humano continua comendo carne, seu corpo fica sobrecarregado. No Oriente, todos os grandes meditadores — Buda, Mahavir — enfatizaram esse fato. Não por causa de qualquer conceito de não-violência — isso é uma coisa secundária — mas porque, se você realmente quer se aprimorar na meditação profunda, seu corpo precisa não ter peso, ser natural, maleável. Seu corpo precisa estar aliviado; e um corpo não vegetariano está muito carregado.

Basta ver o que acontece quando você come carne: quando você mata um animal, o que acontece com ele quando é morto? É claro, ninguém quer ser morto. A vida quer se prolongar; o animal não morre de bom grado. Se alguém o mata, você não vai morrer de bom grado. Se um leão saltar sobre você para matá-lo, o que acontecerá na sua mente? O mesmo acontece se você mata um leão. Agonia, medo, morte, angústia, ansiedade, raiva, violência, tristeza — todas essas coisas acontecem com o animal. Em todo o corpo — a violência, a angústia e a agonia se espalham. Todo o corpo fica cheio de toxinas, venenos. Todas as glândulas do corpo liberam venenos, porque o animal está morrendo muito involuntariamente. E, então, você come a carne — essa carne carrega todos os venenos que o animal liberou. Toda a energia é venenosa. Esses venenos serão transportados para dentro do seu corpo.

Essa carne que você está comendo pertenceu ao corpo de um animal. Tinha um propósito específico naquele corpo. Um tipo específico de consciência existia no corpo do animal. Você está em um plano mais alto do que a consciência do animal e quando come a sua carne, seu corpo vai para o plano mais baixo, para o plano inferior em que está o animal. Existe uma lacuna entre a sua consciência e o seu corpo, assim, surge uma tensão, e a ansiedade aparece.

Devemos comer coisas que são naturais — naturais para nós. Frutas, nozes, vegetais — coma o máximo que puder. E a beleza disso é que você não é capaz de comer essas coisas mais do que o necessário. Tudo o que é natural sempre lhe dá satisfação, porque sacia o seu corpo. Você se sente satisfeito. Se alguma coisa não é natural, nunca lhe dá um sentimento de satisfação. Continue tomando sorvete: você nunca sente que está saciado. Na verdade, quanto mais você come mais você sente vontade de comer. Esse não é um alimento. Sua mente está sendo enganada. Porque você não está comendo de acordo com a necessidade do corpo; está comendo apenas para saborear. Você passou a ser controlado pela língua.

A língua não deve controlar você. Ela não sabe nada sobre o estômago. Não sabe nada sobre o corpo. A língua tem um propósito específico a ser cumprido: saborear o alimento. Naturalmente, a língua deve julgar, só isso, se a comida é adequada ao corpo — ao meu corpo — e qual alimento não é para o meu corpo. A língua é apenas um vigia na porta; não é o senhor. Se o vigia na porta se tornar o senhor, então será a maior confusão.

20. JEJUAR E FARTAR-SE

Se, às vezes, você sentir que o jejum acontece naturalmente, não como uma lei, não como um princípio, não como uma filosofia a seguir ou como uma disciplina a ser imposta, mas por sua inclinação natural para fazê-lo, isso é bom. Mas então lembre-se sempre também de que o jejum está a serviço da saciedade, para que você possa comer bem novamente. O propósito do jejum é ser um meio, nunca um fim, e isso acontece raramente, de vez em quando. Se você estiver perfeitamente consciente enquanto está comendo, e apreciando a comida, nunca comerá demais.

Minha insistência não é em relação à dieta, mas em relação à consciência. Coma bem, divirta-se tremendamente. Lembre-se, a regra é que, se você não saborear sua comida, terá de comer mais para compensar. Se gostar da sua comida, comerá menos, não haverá necessidade de compensar. Se comer devagar, saboreando cada bocado, mastigando bem, estará completamente absorvido no processo. Comer deve ser uma meditação.

Não sou contra o paladar porque não sou contra os sentidos. Ser sensível é ser inteligente, ser sensível é estar vivo. As chamadas "religiões" tentaram dessensibilizá-lo para torná-lo indiferente. Elas são contra o paladar, gostariam que a sua língua se tornasse absolutamente insensível, assim você não apreciaria nada. Mas esse não é um estado saudável; a língua torna-se insensível na doença. Quando você tem febre, a língua torna-se insensível. Quando você está saudável, a língua é sensível; viva, latejante, pulsante de energia. Não sou contra o paladar, sou a favor do paladar. Coma bem, saboreie bem; o paladar é divino. E assim, exatamente como acontece com o paladar, você deve reparar na beleza e apreciar; você deve ouvir música e apreciar; deve tocar as pedras, as folhas e os seres humanos — o calor, a textura — e apreciar. Use todos os seus sentidos, use-os com o que têm de melhor, então, realmente vai viver e sua vida será ardente; não será insensível, será cheia de energia e vitalidade. Não sou a favor das pessoas que o ensinaram a matar seus sentidos; elas são contra o corpo.

Lembre-se, o corpo é o seu templo, o corpo é uma dádiva divina. Ele é tão delicado, tão bonito e tão maravilhoso — matá-lo é ser ingrato com Deus. Deus lhe deu o paladar; você não o criou, ele não tem nada a ver com você. Deus lhe deu olhos e criou esse mundo psicodélico tão colorido, e lhe deu os seus olhos. Que haja uma grande comunhão entre os olhos e as cores do mundo. E Ele fez tudo o que existe e que permanece em uma tremenda harmonia. Não rompa essa harmonia.

Ouça o corpo. O corpo não é seu inimigo, e quando ele disser alguma coisa, faça, porque o corpo tem uma sabedoria própria. Não o perturbe, não viaje mentalmente. É por isso que não ensino nenhuma dieta, ensino apenas a consciência. Coma com plena consciência, coma meditativamente, e então você nunca comerá demais e nunca comerá de menos. Demais é tão ruim quanto de menos; esses são extremos. A natureza quer que você seja equilibrado, esteja em uma espécie de equilíbrio, esteja no meio, nem menos nem mais. Não vá ao extremo. Ir ao extremo é ser neurótico.

Existem dois tipos de neuróticos em relação aos alimentos: aqueles que comem sem parar, sem ouvir o corpo — o corpo fica chorando e gritando: "Pare!", e eles continuam. Essas são pessoas neuróticas. E existe a outra variedade: o corpo fica gritando: "Estou com fome!" — e as pessoas continuam jejuando. Os dois tipos de pessoas são neuróticos, os dois são patológicos, precisam de tratamento, precisam ser hospitalizados. Porque uma pessoa saudável é uma pessoa equilibrada: em tudo o que faz, está sempre no meio. Ela nunca vai ao extremo porque todos os extremos criam tensões, ansiedades. Quando você come demais, há ansiedade, porque o corpo está sobrecarregado. Quando você não come o suficiente, então há ansiedade porque o corpo está com fome. Uma pessoa saudável é aquela que sabe quando parar; e isso deve partir de sua consciência, não de um determinado ensinamento.

Se eu lhe disser quanto comer, isso será perigoso, porque será apenas uma média. Alguém é muito magro e alguém é muito gordo, e se eu lhe disser quanto comer, por exemplo, "três chapatis", para um pode ser demais e para outro pode não ser nada. Por isso eu não ensino regras rígidas, simplesmente ofereço o sentido da consciência. Ouça seu corpo: você tem um corpo diferente. Existem diferentes tipos de energias, diferentes tipos de envolvimento. Alguém é professor em uma universidade; não gasta muita energia no que diz respeito ao seu corpo. Ele não precisará de muita comida, e precisará de um tipo diferente de comida. Alguém é um trabalhador; ele precisará de muita comida e um tipo diferente de comida. Um princípio rígido é perigoso. Nenhuma regra pode ser dada como regra universal.

George Bernard Shaw disse que há apenas uma regra de ouro, a de que não existe regra de ouro. Lembre-se, não existe uma regra de ouro — não pode existir, porque cada indivíduo é tão único que ninguém pode prescrever. Eu simplesmente dou-lhe um sentido... E o meu sentido não é de princípios, de leis; a minha abordagem é de consciência, porque hoje você pode precisar de mais alimento e, amanhã, não precisará de muita comida. Não é apenas uma questão de você ser diferente dos outros — cada dia de sua vida é diferente de qualquer outro dia. O dia em que você descansou, talvez não precise de muita comida. O dia que você esteve no jardim cavando um buraco, pode precisar de muita comida. Você deve estar apenas alerta e ser capaz de ouvir o que o corpo diz. Aja de acordo com o corpo.

Nem o corpo é o senhor, nem o corpo é o escravo; o corpo é seu amigo — seja amigo do seu corpo. Aquele que fica comendo demais e aquele que fica fazendo dieta estão ambos na mesma armadilha. Ambos são surdos; eles não ouvem o que o corpo diz.

E todas aquelas ideias de que é pecado comer em benefício da língua são bobagens. Então, para que você vai comer? Se for um pecado ver com os olhos, para que você vai ver? Se for pecado ouvir com as orelhas, então, para que você vai ouvir? Desse jeito não sobra nada para você — cometa suicídio, porque toda a vida é dos sentidos. Em tudo o que você faz, os sentidos participam. É através dos sentidos que você flui e se relaciona com a vida. Quando você come com gosto, o Deus interior é saciado, é satisfeito; e quando você come com gosto, o Deus que existe dentro dos alimentos é respeitado.

Mas os seus mahatmas, os seus chamados gurus religiosos ensinam a autotortura. Em nome da religião, eles não ensinaram nada além do masoquismo: "Torture-se. Quanto mais torturado, mais valioso você se torna aos olhos de Deus. Quanto mais infeliz você for, mais virtude terá. Se você for feliz, estará cometendo pecado. Felicidade é pecado; ser infeliz é ser virtuoso". Essa é a lógica deles.

Não consigo ver o sentido, isso é tão absurdo, tão ilógico, tão insólito. Deus é feliz, então, se você quiser estar em sintonia com Deus, seja feliz. Esse é o meu ensinamento: Deus é feliz, então, se você quiser estar em sintonia com Deus, seja feliz, porque sempre que você é feliz, você está de acordo com Deus; sempre que você é infeliz, você está fora de sintonia. Uma pessoa infeliz não pode ser uma pessoa religiosa.

Portanto, se você me perguntar o que é pecado — existe apenas um pecado: ser infeliz é ser um pecador. Ser feliz, tremendamente feliz, é ser um santo. Que a sua religião lhe ensine a cantar, a dançar e a se deliciar com a vida. Que a sua religião seja uma religião afirmativa, uma religião positiva, que só diga sim, uma religião de felicidade, alegria, contentamento. Livre-se de todas as bobagens que tem carregado durante séculos e que paralisaram toda a humanidade. Isso tornou as pessoas tão feias, tão sofredoras e tão infelizes, agradando apenas aos patológicos, aqueles que querem se torturar. Isso lhes dá uma desculpa.

Torturar a si mesmo ou aos outros é uma doença — a própria ideia de torturar. Alguém é um Adolf Hitler, ele tortura os outros; alguém é um Mahatma Gandhi, ele se tortura. Ambos estão no mesmo barco — talvez de costas um para o outro, mas de pé no mesmo barco. A alegria de Adolf Hitler era torturar outros, a alegria de Mahatma Gandhi era se torturar, mas ambos cometiam uma violência. A lógica é a mesma — a alegria depende da tortura. Eles seguiam em direções opostas, mas a direção não é a questão, sua mente partia da mesma postura: tortura. Você respeita uma pessoa que se tortura porque não entende a lógica disso. Adolf Hitler é condenado em todo o mundo e Gandhi é adorado em todo o mundo, e eu simplesmente me sinto intrigado. Como isso é

♦ O equilíbrio entre corpo e mente ♦

possível? — porque a lógica é a mesma. Gandhi disse: "Não coma nada por gosto. O paladar não deve ser permitido. Coma como um dever, não como um prazer. Coma porque é preciso viver, só isso". Ele reduz a alegria de comer ao mundo comum do trabalho: "Não coma por diversão". Lembre-se, os animais comem dessa forma. Eles comem apenas por comer, apenas para existir, para sobreviver. Você já viu animais curtindo a comida? De modo nenhum. Eles não têm festas nem banquetes, e eles não cantam nem dançam. Só o ser humano transformou o ato de comer em uma grande festa.

A atitude é a mesma em relação a outras coisas. Gandhi disse: "Faça amor apenas se quiser um filho, caso contrário, nunca. O amor deve ser biológico. Comer deve ser apenas para sobreviver, e o amor deve ser para que a raça sobreviva. Nunca faça amor como diversão".

Isso é o que os animais fazem. Você já viu um cachorro fazendo sexo? Observe a sua expressão, você não encontrará nenhuma diversão... é uma espécie de dever. Ele precisa fazê-lo, ele se sente obrigado a isso pelo impulso biológico. E no momento em que ele terminou o sexo, esquece a amada, segue seu caminho, nunca diz nem mesmo um obrigado. Terminado, o trabalho está feito! Só o ser humano faz amor por prazer. É aí que a humanidade é superior aos animais — só o ser humano faz amor por prazer; só pela alegria, pela beleza do ato, pela música e pela poesia.

É por isso que eu digo que a pílula é uma das maiores revoluções do mundo, porque mudou completamente todo o conceito de amor. Agora, você pode amar só pelo prazer. Não há necessidade de submeter-se à escravidão biológica, não há necessidade de fazer amor só quando quiser ter um filho. Agora, o sexo e o amor estão completamente separados. A pílula fez a maior revolução: sexo é sexo e amor é amor. É sexo quando é biológico; É amor quando, simplesmente, é uma bela música de dois corpos se encontrando, se engolfando, desaparecendo um no outro, perdendo-se um no outro, entrando em uma dimensão totalmente nova de ritmo, de harmonia... uma experiência orgástica. Não há problema com filhos, não há reciprocidade biológica, nada disso. O ato em si é lindo, não há mais um meio para qualquer fim — essa é a diferença. O trabalho é algo que é um meio para algum fim. Diversão é algo em que o fim e os meios andam juntos. Diversão é aquilo em que os meios em si são o fim — não há outro fim em causa.

♦ Sintomas e soluções ♦

Coma por prazer, então você é humano, um ser superior. Ame pelo prazer do amor, então você é um ser superior. Ouça pelo prazer de ouvir e você se libertará do confinamento dos instintos. Eu não sou contra a felicidade, eu sou totalmente a favor dela. Sou um hedonista e este é o meu entendimento: que todas as excepcionais pessoas espiritualizadas do mundo sempre foram hedonistas. Se alguém não é hedonista e finge ser uma pessoa espiritualizada, na verdade, não é, esse alguém é um psicopata. Porque a felicidade é o próprio objetivo, a própria fonte, o fim de todas as coisas. Deus busca a felicidade através de você em milhões de formas. Permite-lhe toda a felicidade possível e ajuda-o a ir aos picos mais altos, às maiores instâncias de felicidade. Você está sendo uma pessoa religiosa, então os seus templos se tornam lugares de celebração e suas igrejas não são tão tristes e feias, tão sombrias e tão mortas como cemitérios. Nelas se ouvem gargalhadas e se ouve música, há dança e há um grande regozijo.

A religião essencial não é nada além de prazer e alegria. Portanto, o que quer que lhe dê prazer e alegria é virtuoso; tudo o que o deixe triste, infeliz, sofredor, é um pecado. Deixe que esse seja o seu critério, seu padrão de julgamento.

Não dou regras rígidas porque sei como funciona a mente humana. Depois que uma regra rígida é dada, você esquece a consciência e começa a seguir a regra rígida. Uma regra rígida não é a questão — você pode seguir a regra e nunca crescerá.

♦

Repare nestas anedotas:

Benny chega em casa e encontra na cozinha uma bagunça, a louça quebrada.

— O que aconteceu? — ele pergunta à esposa.

— Tem alguma coisa errada com este livro de receitas — explica ela. — Aí diz que uma xícara velha, sem alça, é o bastante para tomar as medidas... e com isso precisei de onze tentativas até conseguir tirar a alça de uma xícara sem quebrá-la.

Ora, se o livro de receitas diz isso, então precisa ser feito. A mente humana é tola — lembre-se disso. Assim que encontra uma regra rígida, você a segue.

◆ O equilíbrio entre corpo e mente ◆

◆

O grupo está reunido com o chefão e, o que o chefão diz, é para ser feito. Soa a campainha e o empregado vai atender à porta. Ele espia através do olho mágico e, reconhecendo o visitante, abre-lhe a porta.
— Deixe o guarda-chuva na entrada — diz o empregado ao visitante.
— Eu não tenho guarda-chuva — responde o visitante.
— Então, volte para casa e pegue um. O chefe disse que todos devem deixar o guarda-chuva na entrada. Caso contrário, não vou permitir que você entre.

Uma regra é uma regra.

◆

Era uma perseguição desesperada e o carro da polícia já alcançava os ladrões de bancos quando, de repente, desvia para um posto de gasolina, de onde o policial na direção liga para o chefe.
— Você os pegou? — pergunta o chefe empolgado.
— Eles tiveram sorte — responde o policial. — Já íamos pegá-los, faltavam só uns 500 metros para alcançá-los quando percebi que o motor tinha chegado ao limite dos 30.000 km, então, precisamos parar para trocar o óleo.

O que se pode fazer quando é preciso trocar o óleo a cada 30.000 km e o seu carro chega a esse limite? Você deve primeiro trocar o óleo.

Eu nunca dou regras rígidas porque sei como a mente humana é estúpida e pode ser ainda mais. Simplesmente dou um sentido, um senso de direção. Fique atento e viva pela consciência.

Ouvi dizer que...

◆

Mike disse a Pat que precisava ir ao velório de um amigo e Pat se oferece para acompanhá-lo. No caminho, Pat sugere uma bebida ou duas e, no fim, os dois acabam embriagados. Como resultado, Mike não consegue se lembrar do endereço do velório.
— Onde é a casa do seu amigo? — pergunta Pat.

♦ Sintomas e soluções ♦

— Esqueci o número, mas tenho certeza de que é nesta rua.

Eles haviam andado por alguns minutos quando Mike aperta os olhos para uma casa, achando que seja a certa. Eles cambaleiam até lá, mas a entrada está às escuras. Eles abrem a porta e dão em uma sala de estar também às escuras, a não ser pelo bruxuleio de algumas velas sobre o piano. Eles se aproximam do piano, ajoelham-se e rezam.

Pat detém-se o suficiente para olhar longamente para o piano.

— Mike — diz ele —, eu não conhecia esse seu amigo, mas com certeza ele tinha uma boa dentadura.

Essa é a situação. Assim é o ser humano. A única coisa que eu gostaria de lhe deixar é uma amostra da consciência. Isso mudará toda a sua vida. Não se trata de disciplinar você, é uma questão de torná-lo luminoso desde de dentro.

♦

A beleza e a feiura física não são muito importantes. A única coisa verdadeira é o interior. Posso ensinar-lhe como ser lindo a partir de dentro, e essa é a beleza verdadeira. Depois que ela se manifesta, sua forma física não importa mais. Seus olhos começam a brilhar de alegria; seu rosto adquire um novo brilho, um esplendor. A forma se tornará imaterial. Quando isso começa a fluir de dentro de você — um certo encanto, um dom —, a forma externa é simplesmente deixada de lado. Não há termo de comparação, ela perde toda a importância: você não se preocupa com ela.

5

O poder de cura da meditação

A palavra "meditação" e a palavra "medicina" têm origens semelhantes. Medicina significa o que cura o físico e meditação significa o que cura o espírito. Nos dois casos são poderes de cura.

Outra coisa a ser lembrada: a palavra "cura" e as palavras "inteiro" também provêm de origens semelhantes. Ser curado, simplesmente, significa estar inteiro, sem nenhuma perda. A palavra "são" também tem uma origem semelhante. "Cura", "inteiro", "são" — não diferem em suas origens.

A meditação cura, deixa você inteiro; e ser inteiro é ser são, sadio. Ser são não tem nada a ver com pertencer a alguma religião, pertencer a alguma igreja. Simplesmente significa que, por dentro, você está inteiro, completo; nada está faltando, você está realizado. Você é o que a existência queria que você fosse. Você realizou o seu potencial.

TÉCNICAS DAS MEDITAÇÕES ATIVAS DE OSHO[2]

As meditações ativas, inicialmente, tendem a esticar os músculos, causando dor em todas as partes do corpo. Existe algum modo de superar isso?

---

2. Para mais informações e instruções sobre as Meditações Ativas de Osho, consulte *O livro completo da Meditação*, de Osho (São Paulo, Companhia Editora Nacional, 2018).

♦ O poder de cura da meditação ♦

Continue praticando! Você vai superar o problema — e os motivos são óbvios. Existem dois motivos. Primeiro, o exercício é vigoroso e seu corpo precisa entrar em sintonia. Por três ou quatro dias você vai sentir todo o corpo doendo. Isso acontece em qualquer exercício novo. Mas, depois de quatro dias, você vai superar isso e seu corpo se sentirá mais forte do que nunca.

Mas, não é exatamente isso. O que acontece é algo mais profundo, basicamente, é algo que os psicólogos modernos acabaram descobrindo. Seu corpo não é simplesmente físico. No seu corpo, nos seus músculos, na estrutura do seu corpo, muitas outras coisas se acumularam em consequência das repressões. Se você reprime a raiva, o seu corpo fica envenenado. O veneno penetra nos músculos, penetra no sangue. Se você reprime qualquer coisa, não se trata apenas de uma coisa mental, também é física — porque você não existe realmente dividido. Você não é corpo e mente; é corpo-mente — é psicossomático. Os dois estão juntos em você. Tudo o que é feito com o seu corpo atinge a mente e tudo o que é feito com a mente atinge o corpo, uma vez que o corpo e a mente são duas extremidades da mesma entidade.

Por exemplo, se você fica com raiva, o que acontece com o corpo? Sempre que você fica com raiva, certos venenos são liberados no sangue. Sem esses venenos, você não fica louco o bastante para ficar com raiva. Existem glândulas específicas no corpo e essas glândulas liberam certos elementos químicos. Ora, isso é científico, isso não é apenas uma filosofia. Seu sangue fica envenenado.

É por isso que, quando está com raiva, você consegue fazer coisas de que não é capaz de fazer normalmente — porque está com raiva. Você é capaz de empurrar uma rocha, o que não é capaz de fazer normalmente. Depois, pode ser que você nem acredite que conseguiu empurrar, levantar ou mover aquela rocha. Quando volta ao normal, deixa de ser capaz de levantar de novo a rocha, porque você já não é o mesmo. Determinados elementos químicos circulavam no seu sangue. Você estava em uma situação de emergência e sua energia total foi ativada.

Um animal, porém, quando fica com raiva, fica simplesmente com raiva. Ele não tem uma moralidade em relação a isso, não aprendeu nada sobre isso. Ele simplesmente fica com raiva e a raiva é liberada. Quando você fica com raiva, fica com raiva de maneira semelhante a qualquer animal. Mas existe a sociedade, a moralidade, a etiqueta e milhares de coisas. Você precisa reprimir a raiva. Deve mostrar que não está com raiva; precisa sorrir — um sorriso pintado! Você precisa criar um sorriso, então reprime a raiva. O que acontece com o corpo? O corpo estava pronto para lutar — para lutar ou para fugir, escapar do perigo, enfrentá-lo ou fugir dele. O corpo estava pronto para fazer algo: a raiva é apenas uma disposição para fazer algo. O corpo estava pronto para ser violento, agressivo.

Se você pudesse ser violento e agressivo a energia seria liberada. Mas você não pode, não é conveniente, então você reprime. O que acontece com todos aqueles músculos que estavam prontos para ser agressivos? Ficam paralisados. A energia os impele a ser agressivos e você os contém para que não sejam agressivos. Instala-se um conflito. Nos seus músculos, no seu sangue, nos tecidos do corpo, acontece um conflito. Eles estão prontos para expressar algo e você os impede de se expressar. Você está reprimindo-os. Então seu corpo fica paralisado.

E isso acontece com todas as suas emoções. Isso acontece dia após dia durante anos. Então, seu corpo fica paralisado por todo lado. Todos os nervos ficam paralisados. Eles não fluem, não são maleáveis, não estão vivos. Tornaram-se mortos, foram envenenados. E todos ficaram enredados. Eles não são naturais.

Observe qualquer animal e veja a graça do seu corpo. O que acontece com o corpo humano? Por que não é tão gracioso? Por quê? Todo animal é tão gracioso: por que o corpo humano não é tão gracioso? O que aconteceu com ele? Você fez algo com ele: você o esmagou e a espontaneidade natural que o fazia fluir desapareceu. Ele ficou estagnado. Em cada parte do seu corpo existe veneno. Em cada músculo do seu corpo existe raiva reprimida, sexualidade reprimida, ganância reprimida e, em todas as coisas, ciúme reprimido, ódio. Tudo está reprimido em seu corpo. Seu corpo está realmente doente.

Quando você começa a praticar essas meditações ativas, todos esses venenos são liberados. Cada parte do seu corpo que se tornou estagnada terá de se derreter, tornar-se líquido de novo. E esse é um esforço excepcional. Depois de 40 anos vivendo de maneira errada, de repente, você começa a meditar e todo o seu corpo entra em convulsão. Começa a sentir dores por todo o corpo. Mas essa dor é boa, e você deve recebê-la bem. Permita que o corpo se torne novamente um fluxo. Mais uma vez, ele se torna gracioso e infantil; novamente você recupera a vitalidade. Mas antes de alcançar a vitalidade, as partes mortas devem ser endireitadas e isso vai ser um pouco doloroso.

Os psicólogos dizem que criamos uma armadura ao redor do corpo. e essa armadura é o problema. Se pudesse se exprimir totalmente quando sentisse raiva, o que faria? Quando você fica com raiva, começa a rilhar os dentes; quer fazer alguma coisa com as unhas e com as mãos, porque é assim que a sua herança animal diz para fazer. Você quer fazer alguma coisa com as mãos, destruir algo.

Se você não faz nada, seus dedos ficam aleijados; eles perdem a graça, a beleza. Não são mais membros vivos. E o veneno se instala. Então, quando você aperta a mão de alguém, realmente não há toque, nem vida, porque suas mãos estão mortas.

Você pode sentir isso. Toque a mão de uma criança pequena — existe uma diferença sutil. Quando a criança realmente lhe dá a mão... se ela não der, tudo bem — ela tira a mão. Ela não dá uma mão morta, simplesmente, ela a retira. Mas, se ela quiser lhe dar a mão, então, você vai sentir a mão dela como se estivesse se derramando na sua mão. O calor, o fluxo — como se a criança inteira chegasse à mão. O próprio toque expressa todo o amor que é possível expressar.

No entanto, a mesma criança depois de crescida apertará as mãos como se a mão fosse apenas um instrumento morto. Ela já não se expressa, não parece fluir nesse toque. Isso acontece porque existem bloqueios. A raiva está bloqueada... realmente, antes que sua mão fique viva novamente para expressar amor, ela terá de passar por uma agonia, terá de passar por uma profunda expressão de raiva. Se a raiva não for liberada, continuará bloqueando a mão e o amor não poderá se expressar.

Todo o seu corpo ficou bloqueado, não apenas as suas mãos. Você pode abraçar alguém, pode trazer alguém para perto de seu peito, mas isso não é sinônimo de trazer alguém perto de seu coração. Essas são duas coisas diferentes. Você pode trazer alguém para perto de seu peito: esse é um fenômeno físico. Mas, se você tem uma armadura em torno de seu coração, um bloqueio às emoções, a pessoa permanece tão distante como sempre; nenhuma intimidade é possível. Mas, se você realmente traz uma pessoa para perto, e não existe armadura, nenhuma parede entre você e a pessoa, então o coração de um vai se derreter no do outro. Haverá uma união, uma comunhão.

Seu corpo precisa liberar muitos venenos. Você se tornou tóxico e sentirá dor, porque esses venenos se arraigaram. O que faço é recriar o caos. Essa meditação é para criar o caos dentro de você, para que você possa se recompor de modo que um novo arranjo se torne possível. Você deve ser destruído na forma em que está, só então o novo pode nascer. A maneira como você está ficou totalmente errada. Você precisa ser destruído e, só então, pode ser criado algo novo. Haverá dor, mas essa dor vale a pena.

Continue praticando a meditação e permita que o corpo sinta a dor. Permita que o corpo não resista; permita que o corpo passe por essa agonia. Essa agonia vem do seu passado, mas irá desaparecer. Se você estiver pronto, ela irá. E quando for embora, então, pela primeira vez, você terá um corpo. Você tem apenas uma prisão, uma cápsula morta. Você está encapsulado; não tem um corpo ágil e vivo. Até mesmo os animais têm um corpo mais bonito e vivo do que você.

Por sinal, é por isso que ficamos tão obcecados pela roupa, porque não vale a pena mostrar o corpo. Ficamos tão obcecados pela roupa! Toda vez que você se despe, vê o que fez com seu corpo. A roupa serve para esconder seu corpo de você. Essa doença é um círculo vicioso porque, se você não tem um corpo vivo, quer escondê-lo, e quando o esconde, ele se torna cada vez mais morto porque, não há necessidade de estar alerta sobre a sua vida.

Através de séculos usando roupas perdemos contato com nosso próprio corpo. Se sua cabeça for cortada e você encontrar seu próprio corpo sem cabeça, tenho certeza de que não será capaz de reconhecer que esse é o seu corpo — ou será capaz de reconhecê-lo? Não será capaz de reconhecê-lo porque não está familiarizado com seu próprio corpo. Você não tem nenhum sentimento em relação a ele; está simplesmente morando nele sem se preocupar com isso.

Fizemos muita violência ao nosso corpo. Então, com essa meditação caótica, estou pretendendo forçar seu corpo a reviver. Muitos bloqueios serão quebrados; muitas coisas estabelecidas se tornarão novamente incertas; muitos sistemas se tornarão líquidos novamente. Haverá dor, mas que seja bem-vinda. Ela é uma bênção e você vai acolhê-la. Continue!

Não há necessidade de pensar no que fazer. Você simplesmente deve continuar a meditação. Vi milhares e milhares de pessoas passarem pelo mesmo processo. Dentro de alguns dias a dor desaparece. E quando a dor desaparecer você sentirá uma alegria sutil em torno de seu corpo.

Você não pode senti-la agora porque a dor está presente. Você pode saber ou não saber, mas a dor está por todo o corpo. Você simplesmente se tornou inconsciente da dor porque, de fato, ela sempre esteve em você. De tudo o que está sempre presente, você se torna inconsciente. Por meio da meditação você se tornará consciente e então a mente vai dizer: "Pare com isso, o corpo inteiro está doendo". Não escute a mente. Simplesmente continue fazendo.

Dentro de um determinado período de tempo a dor será descartada. Quando a dor é descartada, quando o corpo novamente se torna receptivo e, não existem bloqueios, nem venenos por todo lado, você passa a sentir uma sutil sensação de alegria que se desdobra ao seu redor. Não importa o que esteja fazendo ou não fazendo, sempre sentirá uma vibração sutil de alegria em torno de seu corpo.

Realmente, a alegria só significa que seu corpo está em uma sinfonia, nada mais, que seu corpo está em um ritmo musical, nada mais. A alegria não é prazer; o prazer deve ser derivado de outra coisa. A alegria é apenas ser você mesmo, vivo, totalmente vibrante, cheio de vida. Um sentimento de música sutil ao redor do seu corpo e dentro de seu corpo, uma sinfonia — isso é alegria. Você pode ser alegre quando seu corpo está fluindo, quando é um fluxo semelhante à correnteza de um rio.

Você chegará lá, mas antes terá de passar pela infelicidade, pela dor. Isso faz parte do seu destino porque você o criou. Mas isso passa. Se você não parar no meio, vai passar. Se você parar no meio, então a velha situação vai continuar na mesma. Dentro de quatro ou cinco dias você vai se sentir bem — como era antigamente, como sempre foi. Tome consciência dessa satisfação.

O ESTADO DE ABANDONO

É difícil permanecer em um estado de abandono porque essa condição sempre foi condenada como preguiça. É contrária à sociedade viciada em trabalho. Abandono significa que você começa a viver de uma maneira mais saudável. Não está mais loucamente correndo atrás de dinheiro, não fica trabalhando continuamente; trabalha apenas para satisfazer às suas necessidades materiais. Mas também existem as necessidades espirituais! O trabalho é necessário para as necessidades materiais. O abandono é necessário para as necessidades espirituais. No entanto, a maioria da humanidade foi completamente boicotada quanto a ter qualquer crescimento espiritual.

O abandono é um dos estados mais bonitos. Você simplesmente existe, sem fazer nada, sentado em silêncio, e a grama cresce sozinha. Você simplesmente aprecia o cantar dos pássaros, o verde das árvores e as cores multidimensionais e psicodélicas das flores. Você não precisa fazer nada para vivenciar a existência; precisa parar de fazer. Você precisa estar em um estado de absoluta desocupação, sem tensões, sem preocupações.

Nesse estado de tranquilidade você entra em uma certa afinação com a música que nos rodeia. De repente, você percebe a beleza do sol. Existem milhões de pessoas que nunca curtiram um pôr do sol, que nunca presenciaram um nascer do sol. Elas não podem se dar esse luxo. Estão continuamente trabalhando e produzindo, não para si, mas para os interesses astutos e dissimulados daqueles que estão no poder, daqueles que são capazes de manipular os seres humanos.

Naturalmente, eles ensinam que o trabalho é algo excelente — é do interesse deles. O condicionamento tornou-se tão profundo que até mesmo você não sabe por que não consegue relaxar.

Mesmo de férias as pessoas continuam fazendo uma coisa ou outra. Elas não conseguem aproveitar a folga, apenas relaxando na praia, apreciando o mar e o ar muito fresco e salgado. Não, elas optam por fazer qualquer coisa estúpida. Se não têm nada para fazer, podem simplesmente desmontar a geladeira que funcionava perfeitamente bem, ou podem destruir um relógio antigo dos avós que funcionava havia séculos, com a desculpa de que estão tentando melhorá-los. No entanto, basicamente, não conseguem sentar-se em silêncio; esse é o problema. Precisam fazer alguma coisa, precisam ir a algum lugar.

A cada feriado as pessoas correm para os hotéis de tratamento de saúde, para as praias do litoral, não para descansar lá — elas não têm tempo para descansar, porque milhões de pessoas vão para o mesmo lugar. Os feriados são os melhores momentos para permanecer em casa, porque toda a cidade foi para o litoral. Para-choques grudados uns nos outros, os carros se arrastam... e quando chegam à praia ela está abarrotada de gente; as pessoas não conseguem encontrar um só lugarzinho para se deitar. Vi fotos de praias no litoral. Até mesmo o mar devia estar rindo da estupidez daquelas pessoas.

Por alguns minutos elas se deitam, e logo depois precisam de sorvete e precisam de Coca-Cola. Elas levam seus aparelhos de televisão portáteis e todos ouvem seu radinho portátil. E então, o tempo termina, e novamente repete-se a maratona de volta para casa.

Nos feriados, mais acidentes acontecem no mundo do que em outros dias: mais pessoas são mortas, mais carros são destruídos. Que coisa estranha! Durante os cinco dias da semana — os dias úteis — as pessoas esperam, ansiosas de saudade do feriado. E, naqueles dois dias que são o fim de semana, elas simplesmente ficam esperando que seus escritórios e suas fábricas reabram.

As pessoas se esqueceram completamente da linguagem do relaxamento. Foram feitas para esquecê-lo. Toda criança nasce com uma aptidão interior; não é preciso ensinar a criança a relaxar. Observe uma criança — quando está relaxada, ela permanece em um estado de abandono. Mas você não permite que ela aproveite esse estado paradisíaco. Você logo a civilizará.

Toda criança é primitiva, não civilizada. Os pais e os professores e todos dão em cima das crianças para civilizá-las, para torná-las parte da sociedade. Ninguém se incomoda que a sociedade seja absolutamente insana. Seria bom que toda criança permanecesse como está, não iniciada na sociedade e na sua chamada civilização.

Mas, com toda a boa vontade, os pais não podem deixar a criança em paz. Precisam ensiná-la a trabalhar, precisam ensiná-la a ser produtiva, precisam ensinar-lhe a ser competitiva. Eles precisam ensinar-lhe: "A menos que você chegue ao topo, será um fracasso para nós".

Assim, todo mundo corre para chegar no topo.
Como é possível relaxar?

◆

Quando, pela primeira vez na Índia, foram construídas as linhas ferroviárias... ouvi uma linda história: o engenheiro britânico que estava supervisionando o trabalho desenvolvido ficou espantado ao ver que todos os dias um jovem indiano, um aldeão, vinha deitar-se sob a sombra de uma grande árvore para observar os trabalhadores que executavam o trabalho e os engenheiros que os dirigiam. O engenheiro ficou interessado: "Que sujeito esquisito; todos os dias ele aparece. Traz sua comida, come seu almoço e descansa, dorme à tarde sob a sombra da árvore.

Finalmente, o engenheiro não conseguiu resistir à tentação e perguntou ao aldeão:

— Por que você não começa a trabalhar? Você vem de qualquer jeito todos os dias e desperdiça seu tempo apenas deitado, observando.

O aldeão perguntou:
— Trabalhar? Mas para quê?
O engenheiro disse:
— Você ganhará dinheiro!
O aldeão perguntou:
— Mas o que vou fazer com o dinheiro?
O engenheiro disse:
— Você é um idiota, não sabe o que pode ser feito com o dinheiro? Quando você tem dinheiro, você pode relaxar e curtir!

O pobre aldeão disse:
— Isso é estranho, porque já estou relaxado e curtindo! Isso me parece invertido: trabalhar duro, ganhar dinheiro e curtir e relaxar. Acontece que já estou fazendo isso!

◆

As crianças nascem com o talento intrínseco e intuitivo para o abandono. Elas são totalmente relaxadas. É por isso que todas as crianças são lindas. Você já pensou a respeito? Todas as crianças, sem exceção, têm uma tremenda graça, vivacidade e beleza. E essas crianças vão crescer e toda sua beleza e sua graça vão desaparecer.

É muito difícil encontrar um adulto com a mesma graça, com a mesma beleza, com a mesma vitalidade. Se você encontrar uma pessoa com a inocência e a capacidade de relaxamento infantil, então encontrou um sábio. É assim que definimos o sábio no Oriente: recuperou a sua infância. Depois de viver todos os altos e baixos da vida, finalmente ele decide, depois de toda a sua vivência — a decisão acontece por si só — que o que ele foi na infância precisa voltar a ser antes de morrer.

Eu ensino o abandono, porque essa é a única coisa que pode fazer de você um sábio. Nenhuma igreja vai ajudar, nenhuma teologia, nenhuma religião, porque nenhuma dessas vai ensiná-lo a se abandonar. Todas insistem no trabalho, na dignidade do trabalho. Usam belas palavras para escravizar você, para explorá-lo. Elas conspiram com os parasitas da sociedade.

Não sou contra o trabalho; o trabalho tem a sua própria utilidade, mas apenas utilidade. Não pode se tornar a razão da sua vida. É por uma necessidade absoluta que você precisa de comida, que você precisa de roupas, que você precisa de um abrigo. Trabalhe, mas não se torne viciado em trabalho. No momento em que estiver sem trabalho, você deve saber como relaxar. E não precisa de muita sabedoria para relaxar; essa é uma técnica simples. E é muito simples porque você já sabia disso quando nasceu; ela já está em você, só precisa ser ativada para sair de sua condição adormecida. Precisa ser provocada.

Todos os métodos de meditação não são mais que métodos para ajudar a se lembrar da arte de se abandonar. Digo lembrar, porque você já sabia disso. E ainda sabe, mas esse conhecimento está sendo reprimido pela sociedade.

Princípios simples devem ser lembrados: o corpo deve ser ponto de partida. Deitado na sua cama, e você se deita na cama todos os dias, então, não há necessidade de nada especial, quando você se deitar na cama, antes do sono, comece a observar com os olhos fechados a energia dos seus pés. Comece a partir daí, basta observar interiormente: existe alguma tensão em algum lugar? nas pernas, nas coxas, no estômago? Existe alguma tensão? Se você encontrar alguma tensão em algum lugar, simplesmente tente relaxá-la. E não se afaste desse ponto, a menos que você sinta o relaxamento nessa parte.

Passe pelas mãos, porque as mãos são a sua mente; elas estão ligadas à sua mente. Se a sua mão direita estiver tensa, o lado esquerdo do seu cérebro estará tenso. Se sua mão esquerda estiver tensa, o lado direito do seu cérebro estará tenso. Então, primeiro passe pelas mãos, elas são quase os ramos de sua mente, e depois chegue finalmente à mente.

Depois que o corpo inteiro estiver relaxado, a mente já estará relaxada 90%, porque o corpo não passa de extensões da mente. Então, a tensão que resta em sua mente é de 10%... Simplesmente observe; apenas fique observando as nuvens se dissiparem. Levará alguns dias para pegar o jeito. Você vai reviver a maneira de encarar a vida como era na sua infância, quando estava totalmente relaxado.

Você alguma vez ficou observando? As crianças caem todos os dias, mas não se machucam, não sofrem fraturas. Experimente você; toda vez que uma criança cai, caia também.

♦

Um psicanalista resolveu fazer um experimento. Anunciou nos jornais: "Pagarei uma quantia suficiente em dinheiro para quem estiver disposto a vir à minha casa e acompanhar o meu filho durante todo o dia. Não importa o que o meu filho faça, a pessoa deverá fazer o mesmo".

Um jovem lutador apareceu e disse:

— Estou pronto, onde está a criança?

No entanto, no meio do dia, o lutador estava acabado. Ele já tinha duas fraturas, porque tudo o que a criança fazia ele tinha de fazer igual. A criança ficou empolgada: que coisa estranha! Ela pulava à-toa, sem necessidade, e o lutador tinha de pular; ela escalava uma árvore, e o lutador tinha de escalar; ela pulava da árvore, e o lutador tinha de pular. E isso continuou. A criança esqueceu completamente a comida, se esqueceu de tudo; estava adorando a provação do lutador.

À tarde, o lutador simplesmente desistiu. Ele disse ao psicanalista: "Guarde seu dinheiro. Esse seu filho vai acabar me matando antes do fim do dia. Vou sair daqui para o hospital. Essa criança é um perigo. Não repita essa experiência com ninguém".

♦

Toda criança tem muita energia, e ainda não fica tensa. Você já observou uma criança dormindo? Você observou uma criança apenas sugando seu próprio polegar, curtindo, sonhando lindos sonhos? Todo o seu corpo está em um profundo abandono.

Acontece — é um fato conhecido — todos os dias, em todo o mundo: os bêbados caem, mas eles não sofrem fraturas. Todas as manhãs são encontrados na sarjeta e levados para casa. Mas é um fato estranho que eles continuem caindo sem se machucar. Eles não sabem que estão caindo, então não ficam tensos. Eles simplesmente caem sem ficar tensos. É a tensão que causa as fraturas. Se você for capaz de se descontrair não vai se machucar. Os bêbados sabem disso, as crianças sabem disso; como você conseguiu esquecer?

Comece em sua cama, todas as noites e, dentro de alguns dias, você será capaz de desenvolver essa capacidade. Depois que descobrir esse segredo, segredo que ninguém pode lhe ensinar, que você terá de procurar dentro de seu próprio corpo, então, mesmo durante o dia, a qualquer momento, poderá relaxar. E, ser mestre em relaxamento é uma das experiências mais bonitas do mundo. É o início de uma ótima jornada para a espiritualidade, porque quando está completamente em um estado de abandono, você não é mais um corpo.

Você já notou um fato simples: você se torna consciente do seu corpo somente quando há alguma tensão, alguma sobrecarga, alguma dor? Você já tomou consciência da sua cabeça sem dor de cabeça? Se o seu corpo inteiro estiver relaxado, você simplesmente esquece que é um corpo. Nesse esquecimento do corpo está a lembrança de um fenômeno novo que vive escondido dentro dele: seu ser espiritual.

Abandonar-se é a maneira de saber que você não é o corpo, mas algo eterno, imortal.

Não há necessidade de nenhuma outra religião no mundo. A simples arte de abandonar-se transforma todo ser humano em uma pessoa religiosa. Religião não é acreditar em Deus, religião não é acreditar no papa, religião não é acreditar em nenhum sistema ideológico.

Religião é reconhecer o que existe de eterno dentro de você: que essa é a verdade da sua existência, que é a sua divindade e a sua beleza, a sua graça, o seu esplendor.

A arte de se abandonar é sinônimo de vivenciar o imaterial, o imensurável: o seu ser autêntico.

Há alguns momentos em que, sem estar ciente, você está em completo abandono. Por exemplo, quando ri de verdade, uma risada sentida, sincera, não apenas intelectual, mas que vem de dentro, das suas entranhas, então você está relaxado sem se dar conta disso, você está em abandono. É por isso que o riso é tão saudável. Não existe outro medicamento que possa ajudá-lo mais a alcançar o bem-estar.

♦ O equilíbrio entre corpo e mente ♦

Mas o riso foi interditado pelos mesmos conspiradores que impediram a sua consciência de se abandonar. Toda a humanidade se transformou em uma sisuda insensatez psicologicamente doente.

Você já ouviu a risada de uma criança pequena? Ela ri com o corpo todo. E quando você ri, é muito raro que todo o seu corpo ria, é apenas uma coisa intelectual, inebriante.

A meu ver o riso é muito mais importante do que qualquer oração, porque a oração não relaxa. Pelo contrário, pode torná-lo mais tenso. Com uma risada, de repente você esquece todo o condicionamento, toda a formação, toda a seriedade. De repente, você está ausente de tudo, não mais que de repente. Da próxima vez que você rir, observe quanto está relaxado. E descubra outras ocasiões em que está relaxado.

Depois de fazer amor você está relaxado... embora a mesma companhia de conspiradores não permita que você fique relaxado até mesmo depois de fazer amor. O homem simplesmente se volta para o outro lado e finge dormir, mas no fundo está se sentindo culpado por ter cometido novamente um pecado. A mulher chega a chorar, porque acha que foi usada. E é absolutamente natural sentir isso, porque ela não se nutre do amor. Ela nunca acumula nenhuma experiência orgástica. Apenas há cinquenta anos, havia milhões de mulheres no mundo que nunca experimentaram o orgasmo. Na Índia, ainda é extremamente difícil encontrar uma mulher que saiba o que é o orgasmo.

Não pode haver maior conspiração contra a humanidade. O homem quer terminar tudo o mais rápido possível. Dentro de si ele está carregando a Bíblia, o Alcorão, o Shrimad Bhagavadgita e todos eles são contra o que está fazendo. Ele também está convencido de que está fazendo alguma coisa errada. Portanto, naturalmente, quanto mais rápido, melhor. Depois ele se sente tremendamente mal. Como pode relaxar? Ele fica mais tenso. E porque é tão rápido, a mulher nunca chega ao seu pico. Quando ela começa, ele está terminando. Naturalmente, a mulher começa a acreditar que o homem é algo mais parecido com um animal.

Nas igrejas, nos templos, você encontrará apenas mulheres, mulheres idosas em particular. Quando o sacerdote fala sobre o pecado, elas sabem! Era absolutamente pecado, porque não tiveram nenhum prazer com aquilo; foram usadas como qualquer mercadoria — objetos sexuais. Caso contrário, se você estiver livre de culpa, livre de todas as inibições, o amor lhe dará uma tremenda experiência de abandono.

Você precisa se voltar para a sua vida, onde pode encontrar alguma experiência natural de abandono. Há momentos em que você está nadando. Se você é um bom nadador, sabe como fazer para apenas flutuar, não para nadar, e encontra aí um tremendo abandono, apenas seguindo com o rio, nem mesmo fazendo qualquer movimento contra a corrente, tornando-se parte da corrente.

Você precisa buscar as experiências de abandono em diferentes fontes e logo terá todo o segredo em suas mãos. Essa é uma das coisas mais fundamentais. Isso o libertará do condicionamento do trabalho como um vício.

Isso não significa que deve se tornar um preguiçoso; pelo contrário, quanto mais relaxado estiver, mais eficaz você será, mais energia se acumulará quando estiver relaxado. Seu trabalho começará a ter uma característica de criatividade e não de produção. Tudo o que fizer, você fará com essa totalidade, com esse amor. E terá uma energia tremenda para fazê-lo.

Dessa forma, abandonar-se não é contrário ao trabalho. Na realidade, o abandono transforma o trabalho em uma experiência criativa.

◆

Algumas piadas para rir para valer. O riso afasta todas as tensões do seu rosto, do seu corpo, do seu abdome, e você sente de repente um tipo de energia interior totalmente diferente; caso contrário, a maioria das pessoas continua a sentir um nó no estômago.

Um amigo de Paddy, o Joe, está fazendo um curso noturno para a formação de adultos.

— Quem é Ronald Reagan? — ele pergunta a Paddy.

— Eu não sei — responde Paddy.

— Foi o presidente dos Estados Unidos — diz Joe. — Você sabe quem é Margaret Thatcher?

— Não — diz Paddy.

— Foi a primeira-ministra da Grã-Bretanha — diz Joe. — Veja bem, você deveria ir à escola noturna como eu.

— Eu tenho uma pergunta para você — diz Paddy. — Sabe quem é Mick O'Sullivan?

— Eu não — admite Joe.

— Bem — diz Paddy —, ele é o cara que está comendo a sua esposa enquanto você vai para a escola noturna.

◆

Jesus e Moisés saem um domingo à tarde para uma partida de golfe. Moisés bate primeiro e a bola vai direto para a parte central do campo, uma boa jogada. Jesus se prepara e, na sua primeira tacada, erra a bola e arranca um tufo de grama.

— Nossa, Moisés! — queixa-se Jesus.

Moisés, sendo um bom sujeito, oferece a Jesus a oportunidade de repetir a tacada e colocar a bola na parte central do campo sem penalidade. No entanto, Jesus é teimoso e recusa a oferta. Moisés então diz:

— Vamos, Jesus, você não consegue acertar a bola em uma grama tão alta.

— Se Arnold Palmer consegue fazer isso — responde Jesus —, eu também consigo.

Jesus repete o golpe e bate na bola, que cai respingando em uma lagoa. Então, Moisés bate pela segunda vez, para perto do buraco, e se volta para observar Jesus, que está enrolando o jeans nas pernas.

— Jesus, por favor! — grita Moisés. — Eu imploro que você coloque a sua bola no meio de campo e pronto. Será um milagre se acertar uma boa tacada!

— Se Arnold Palmer consegue fazer isso — responde Jesus —, eu também consigo.

Ele anda de um lado para o outro dentro da água.

Um jardineiro, que assistia à cena, aproxima-se de Moisés e diz:

— Quem esse cara pensa que é, Jesus Cristo?

— Não, ele não tem tanta sorte assim — responde Moisés. — Ele acha que é Arnold Palmer!

MEDITAÇÃO NO DIA A DIA

Sempre que você tiver algum tempo, apenas por alguns minutos, relaxe o sistema respiratório, basta isso, não há necessidade de relaxar o corpo todo. Sentado no ônibus, ou no avião, ou no carro, ninguém vai perceber que você está fazendo alguma coisa. Basta relaxar o sistema respiratório. Faça com que funcione naturalmente. Feche os olhos e sinta a respiração entrando, saindo, entrando...

Não se concentre. Se você se concentrar, vai criar problemas, porque então vai causar uma perturbação geral. Se tentar concentrar-se sentado no carro, o ruído do motor irá perturbá-lo, até mesmo a pessoa sentada ao seu lado se tornará motivo de perturbação.

Meditação não é concentração, é uma simples consciência. Você simplesmente relaxa e observa a respiração. Nessa observação nada é excluído. O carro está funcionando, tudo bem, admita isso. O trânsito passa, tudo bem, faz parte da vida. O passageiro ronca ao seu lado, aceite a sua presença. Não rejeite nada. Não estreite o seu nível de consciência.

A concentração é um estreitamento da consciência para que você se torne focalizado em uma coisa só, mas tudo se torna uma competição. Você luta contra tudo o que aparece porque tem medo de perder. Você pode se distrair e isso se torna uma perturbação. Então, precisa de isolamento, algo como o Himalaia. Você precisa da Índia, de um quarto onde possa ficar em silêncio sem ninguém para perturbá-lo.

Não, isso não é certo, não pode se tornar um processo de vida. Isso é isolar-se. Pode dar bons resultados, você vai se sentir mais tranquilo, mais calmo, mas esses resultados são temporários. É por isso que você continua sentindo que perdeu a sintonia. Quando você perde as condições de isso acontecer, acabou, você está perdido.

Uma meditação em que você precisa de certos pré-requisitos, em que precisa cumprir determinadas condições, não é meditação, porque não poderá fazê-la quando estiver morrendo. A morte será uma distração. Se a vida o distrai, pense então na morte. Você não vai conseguir morrer meditando, então, está tudo perdido, é inútil. Você vai morrer tenso, ansioso, infeliz, sofrendo — e imediatamente vai criar seu próximo nascimento com as mesmas características.

Que a morte seja o critério. Tudo o que pode ser feito, mesmo enquanto você está morrendo, é real — e isso pode ser feito em qualquer lugar; em qualquer lugar, e sem nenhuma condição necessária. Se às vezes existem condições favoráveis, bom, você aproveita. Caso contrário, não faz diferença. Mesmo no mercado você pode agir assim. Não faça qualquer tentativa de controle, porque todo controle é da mente, assim a meditação nunca pode ser controlada.

A mente não pode meditar. A meditação é algo além da mente, ou abaixo da mente, mas nunca dentro da mente. Se a mente permanece assistindo e controlando, não é meditação, é concentração. A concentração é um esforço mental. Ela traz as qualidades da mente ao seu pico. Um cientista concentra-se, um soldado concentra-se; um caçador, um pesquisador, um matemático, todos se concentram. Todas essas são atividades mentais.

Você pode escolher a qualquer momento. Não há necessidade de ser em um determinado momento. Use qualquer momento disponível. No banheiro, quando tiver dez minutos, basta sentar-se sob o chuveiro e meditar. De manhã, à tarde, apenas quatro ou cinco vezes, por pequenos períodos de cinco minutos, medite, e você verá que isso se torna um alimento constante.

Não há necessidade de praticar 24 horas.

Só uma dose de meditação é o bastante. Não é preciso beber todo o rio. Só uma dose faz o que é preciso. Faça com que seja o mais acessível possível. Acessível e certo. Que seja o mais natural possível. Não precisa correr atrás, basta praticar toda vez que encontrar um tempinho. Não torne a meditação um hábito, porque todos os hábitos são mentais e uma pessoa de verdade na realidade não possui hábitos.

RELAXADO E À VONTADE

Para relaxar é preciso estar muito à vontade. Então fique à vontade. Seja qual for a postura que queira assumir, onde estiver sentado, assuma. Feche os olhos e relaxe o corpo. Dos dedos dos pés até a cabeça, sinta dentro de si onde sente alguma tensão. Se sentir uma tensão no joelho, relaxe o joelho. Basta tocar no local e dizer: "Por favor, relaxe". Se sentir alguma tensão nos ombros, basta tocar no lugar e dizer: "Por favor, relaxe". Dentro de uma semana você será capaz de se comunicar com seu corpo.

Relaxe onde estiver sentado, mantenha a luz fraca ou escura, como quiser, mas ela não deve ser ofuscante. Diga às pessoas da casa que durante esses vinte minutos não devem incomodá-lo, desligue o telefone, enfim, nada de nada, como se o mundo deixasse de existir durante esses vinte minutos. Feche a porta, relaxe onde estiver sentado, use roupas folgadas para que não haja nenhum incômodo em nenhum lugar e comece a sentir onde no corpo existe alguma tensão. Você vai encontrar muitos pontos de tensão. Esses têm de ser relaxados primeiro, porque se o corpo não estiver relaxado a mente também não poderá relaxar.

O corpo cria a condição para a mente relaxar. O corpo torna-se o veículo do relaxamento. Onde sentir alguma tensão toque o local com amor profundo, com compaixão. O corpo é seu servo e não cobra nada por isso, é simplesmente uma dádiva. É tão complicado, tão tremendamente complexo, que a ciência ainda não conseguiu fazer nada semelhante ao nosso corpo. No entanto, nunca pensamos nisso; não amamos o nosso corpo. Ao contrário, ficamos com raiva disso.

Os supostos santos têm ensinado muitas bobagens às pessoas, que o corpo é o inimigo, que o corpo é sua degradação, que o corpo é o motivo da sua infelicidade, que o corpo é pecado, que tudo é pecado. Se você quiser cometer um pecado, o corpo vai ajudar, é verdade. A responsabilidade é sua, não do corpo. Se quiser meditar, o corpo estará pronto para ajudá-lo também. Se quiser se degradar, o corpo vai junto. Se você quiser se empolgar, o corpo vai também. O corpo não é o culpado. Toda a responsabilidade é da sua própria consciência, no entanto, sempre tentamos encontrar bodes expiatórios. O corpo é um dos bodes expiatórios mais antigos. Você pode armar qualquer besteira, o corpo é bobo. Não é capaz de retaliar, não é capaz de responder, não diz que está errado. Não importa o que você diga, o corpo não reage de maneira alguma.

Envolva-se com o corpo e encare-o com uma compaixão amorosa, com profunda simpatia, com atenção. Isso não levará mais do que cinco minutos, e você começará a se sentir totalmente fraco, relaxado, quase com sono. Transsfira a sua consciência à respiração: relaxe a respiração.

O corpo é a nossa parte mais exterior, a consciência, a mais íntima, e a respiração é a ponte de ligação que as aproxima. É por isso que, quando a respiração desaparece, a pessoa morre, porque a ligação se rompe; o corpo não pode funcionar como sua casa, sua morada.

◆ O equilíbrio entre corpo e mente ◆

Quando o corpo estiver relaxado, feche os olhos e observe sua respiração; relaxe-a também. Fale um pouco com a respiração: "Por favor, relaxe. Seja natural". Você vai ver que no momento em que disser: "Por favor, relaxe", haverá um clique sutil. Normalmente, a respiração torna-se muito antinatural, e esquecemos como relaxá-la porque estamos tão continuamente tensos, que se torna quase habitual a respiração permanecer tensa. Portanto, diga simplesmente para ela relaxar duas ou três vezes, e depois permaneça em silêncio.

6

A porta para a consciência

Milhões de pessoas vivem de acordo com o espelho. Elas pensam que o que veem no espelho é o seu rosto. Elas acham que esse é o seu nome, que essa é a sua identidade e que isso é tudo.

Você precisa mergulhar um pouco mais fundo. Você precisa fechar os olhos. Você precisa observar de dentro.

Você precisa ficar em silêncio. A menos que chegue a um ponto de absoluto silêncio interior, nunca saberá quem você é. Não posso lhe dizer isso. Não há como dizer. Todo mundo precisa encontrar.

Mas você existe — isso é mais do que certo. A única questão é chegar ao seu ponto mais íntimo, encontrar-se. E é isso que venho ensinando todos estes anos. O que chamo de meditação não é senão um dispositivo para cada um se encontrar.

Não me pergunte. Não pergunte a ninguém. Você tem a resposta dentro de si mesmo, e precisa ir ao fundo para descobrir isso. E é tão perto — basta uma volta de 180° e estará lá.

E vai ficar surpreso com o fato de você não ser o seu nome, não ser o seu rosto, o seu corpo; você não é nem mesmo a sua mente.

Você faz parte dessa existência total, de toda a sua beleza, grandeza e felicidade; seu tremendo êxtase.

Conhecer a si mesmo é tudo o que significa a consciência.

CENTRO E CIRCUNFERÊNCIA

O corpo em si não é nada. É luminoso por causa de algo que está além de si mesmo. A glória do corpo não está no próprio corpo, ele é o hospedeiro, a glória é por causa do hóspede. Se você esquecer o convidado, será por pura complacência. Se você se lembrar do convidado, então, amar o corpo, celebrar o corpo, fará parte da adoração.

A moderna adoração do corpo não faz sentido. As pessoas vão atrás de alimentos saudáveis, massagens, Rolfing e de mil e uma outras coisas. De algum modo tentam dar um sentido às suas vidas. Mas olhe nos olhos delas; existe um grande vazio. Você pode ver que elas se perderam. O perfume não existe, a flor não desabrochou. No fundo, essas pessoas estão como que abandonadas, perdidas, sem saber o que fazer. Elas persistem em fazer muitas coisas em favor do seu corpo, mas lhes falta um objetivo.

◆

Ouvi uma anedota:

Rosenfeld entra em casa com um sorriso no rosto.
— Você nunca vai adivinhar o negócio que acabei de fazer — diz ele à esposa. — Comprei quatro pneus de poliéster, cinturados de aço, radiais, de banda larga e faixa branca, para trabalho pesado!
— Você está louco? — diz a sra. Rosenfeld. — Para que foi comprar pneus? Você nem sequer tem um carro.
— Pois é — diz Rosenfeld —, você compra sutiãs, não é?

◆

Se falta o centro, então você pode viver decorando a periferia. Pode enganar os outros, mas não consegue se satisfazer. Pode mesmo enganar a si mesmo às vezes, porque até a própria mentira repetida muitas vezes começa a parecer verdade. Mas ela não pode satisfazê-lo, não pode lhe dar satisfação. O homem moderno tenta de todas as maneiras aproveitar a vida, mas parece não sentir alegria. Lembre-se: sempre que estiver tentando sentir prazer, você vai se enganar. Quando estiver tentando alcançar a felicidade, vai se enganar. O próprio esforço para alcançar a felicidade é absurdo, porque a felicidade está aqui mesmo: você é que não consegue alcançá-la.

Não há nada a fazer quanto a isso, você simplesmente deve reconhecê-la. Ela está acontecendo agora mesmo, está ao seu redor, dentro, fora, a felicidade simplesmente existe. Nada mais é real. Observe, veja o mundo em profundidade, as árvores, os pássaros, as pedras, os rios, as estrelas, a lua, o sol, as pessoas e os animais — observe em profundidade: a existência é feita de elementos de felicidade, de prazer. Ela é feita de alegria. Não há nada a fazer quanto a isso. Seu próprio modo de proceder pode ser a barreira. Relaxe e ela o satisfaz; relaxe e ela o inunda por dentro; relaxe, ela transborda de você.

O homem moderno é tenso. A tensão acontece quando se persegue algo, o relaxamento acontece quando se permite algo.

O homem moderno vive em uma procura constante, numa busca incessante, tentando conseguir algo da vida, como se tentasse extorquir alguma coisa da vida. Nada resulta de sua busca, porque não é esse o caminho. Você não pode extorquir nada da vida; deve se render a ela. Você não pode vencer a vida. É preciso ter muita coragem para ser derrotado pela vida. A derrota nesse caso é a vitória, e o seu esforço para ser vitorioso nada mais será do que o seu fracasso final e total. A vida não pode ser vencida porque a parte não pode conquistar o todo. É como se uma pequena gota de água estivesse tentando vencer o mar. Sim, a pequena gota pode cair no mar e se tornar o mar, mas não pode vencer o mar. Realmente, cair no mar, deslizar para o mar é o caminho para a vitória.

O homem moderno está tentando encontrar a felicidade, daí a sua excessiva preocupação com o corpo. Isso é quase uma obsessão. Excede os limites da preocupação, torna-se algo obsessivo: pensar continuamente no corpo, fazer isso e aquilo, e todo tipo de coisas. Ele faz um esforço para ter algum contato com a felicidade através do corpo. Isso não é possível.

Em segundo lugar, a mente moderna é competitiva. Não é necessário que você esteja realmente apaixonado por seu corpo; basta estar apenas competindo com os outros. Porque os outros estão fazendo coisas, você precisa fazê-las. A mente moderna é a mente mais superficial e ambiciosa que já existiu no mundo. É uma mente muito elementar, frívola. É por isso que o homem de negócios, o empresário, tornou-se a realidade mais importante dos Estados Unidos. Todo o resto desapareceu no pano de fundo; o empresário, o ser humano que controla o dinheiro é a realidade mais importante. Na Índia, durante séculos, os brâmanes eram a realidade mais importante — os buscadores de Deus. Na Europa, os aristocratas eram a realidade mais valorizada, refinados, instruídos, atentos, em sintonia com as sutis nuances da vida: música, arte, poesia, escultura, arquitetura, danças clássicas, línguas, grego e latim. O aristocrata, condicionado para os valores superiores da vida por séculos, foi a maior realidade na Europa. Na Rússia soviética, o proletariado, o explorado, o oprimido, o trabalhador era a realidade mais importante. Nos Estados Unidos, tem sido o empresário, aquele que controla o dinheiro.

A área do dinheiro é a mais competitiva. Você não precisa ter cultura, você só precisa ter dinheiro. Você não precisa saber nada sobre música, nada sobre poesia. Você não precisa saber nada sobre literatura antiga, história, religião, filosofia, não, você não precisa saber. Se tem um vultoso saldo bancário, você é importante. É por isso que digo que essa é a mente mais superficial que já existiu.

E essa mente transformou tudo em comércio. Essa mente vive continuamente em competição. Mesmo se você comprar um Van Gogh ou um Picasso, não está comprando por causa de Picasso. Está comprando porque seus vizinhos compraram. Eles têm uma pintura de Picasso em sua sala de visitas, como você pode se dar ao luxo de não ter uma? Você precisa ter uma. Você pode não saber nada, você pode não saber nem mesmo como pendurá-la, qual lado é qual, porque é difícil saber, no que diz respeito a Picasso, se o quadro está pendurado de cabeça para baixo ou da maneira correta. Você pode não saber se é autenticamente um Picasso ou não. Você pode não olhar para o quadro, mas porque os outros o têm e estão falando sobre Picasso, você deve mostrar sua cultura. Você simplesmente mostra seu dinheiro. Assim, tudo o que é caro torna-se importante; o que é caro é considerado importante.

O dinheiro e os vizinhos parecem ser o único critério para decidir tudo: seus carros, suas casas, suas pinturas, suas decorações. As pessoas têm uma sauna no banheiro, não porque adorem o corpo, não necessariamente, mas porque é a coisa *in* — todo mundo tem. Se você não tiver, vai parecer pobre. Se todos tiverem uma casa nas montanhas, você deve ter também. Você pode não saber como curtir as montanhas; você pode sentir-se simplesmente entediado lá. Pode levar o seu televisor e seu rádio para lá e simplesmente escutar os mesmos programas de rádio que escutava em casa e assistir aos mesmos programas de TV que assistia em casa. Que diferença faz onde você está sentado, nas montanhas ou em seu próprio quarto? Mas para os outros faz. É preciso ter uma garagem para quatro carros, outros têm. Você pode não precisar de quatro carros.

◆

Eu ouvi contar...

O velho Luke e a esposa eram conhecidos como o casal mais doente do vale. Luke morreu e, alguns meses depois, a esposa estava agonizante. Ela chama um vizinho e diz em voz fraca:
— Ruthie, enterre-me com o meu vestido de seda preta, mas, antes, corte a parte de trás e faça um novo vestido. É um tecido ótimo e odeio desperdiçá-lo.
— Não sei se posso fazer isso — diz Ruthie. — Quando você e Luke subirem pelas escadas douradas, o que os anjos vão dizer se o seu vestido não tiver a parte de trás?
— Eles não vão olhar para mim — diz ela. — Eu enterrei Luke sem as calças.

◆

A preocupação é sempre com os outros. Luke estará sem as calças para que todo mundo olhe para ele. A preocupação americana é com os outros....

Você já viu uma criança apenas correndo, gritando, dançando por nada, porque ela não tem nada? Se você perguntar a ela: "Por que você está tão feliz?", ela não saberá responder. Na verdade, ela vai pensar que você está bravo com ela. Existe alguma necessidade, por qualquer razão, para ser feliz? Ela simplesmente ficará chocada, sem entender o motivo do "porquê". Ela vai encolher os ombros e seguir seu caminho, e vai começar a cantar e a dançar de novo. A criança não tem nada. Ela ainda não é um primeiro-ministro, não é um presidente dos Estados Unidos, não é um Rockefeller. Não possui nada, talvez algumas conchas, ou algumas pedras que colecionou na praia, só isso.

A vida do homem moderno termina quando a vida acaba. Quando o corpo acaba, a pessoa acaba. Por isso, as pessoas têm tanto medo da morte. Por causa do medo da morte o homem moderno vive experimentando todo e qualquer artifício para prolongar sua vida, às vezes, chegando a extremos absurdos. Existem muitas pessoas que estão apenas vegetando em hospitais, em lares de idosos. Elas não estão vivas; elas estão mortas há muito tempo. São apenas administradas pelos médicos, com a ajuda de remédios e equipamentos modernos. De algum modo, elas continuam a viver em estado de suspensão.

O medo da morte é imenso, porque depois que você se vai para sempre, nada sobrevive —o homem moderno conhece apenas o corpo e nada mais. Se você conhece apenas o corpo, você é muito pobre. Primeiro, você sempre terá medo da morte, e quem tem medo de morrer, tem medo de viver, porque a vida e a morte estão tão juntas que, se tem medo de morrer, você terá medo de viver. É a vida que traz a morte, então, se você tem medo da morte, como pode realmente amar a vida? O medo está sempre presente. É a vida que traz a morte, você não pode viver totalmente. Se a morte acaba com tudo, se essa é a sua ideia e a sua compreensão, sua vida será uma vida apressada e em busca de alguma coisa. Porque a morte está chegando, você não pode ter paciência. Daí a mania da velocidade: tudo deve ser feito rápido porque a morte está se aproximando, então tente controlar o máximo de coisas possível antes de morrer. Tente encher o seu ser com tantas experiências quanto possível antes de morrer, porque depois que você estiver morto, não adianta.

Isso cria uma grande falta de sentido e, é claro, angústia e ansiedade. Se não há nada que vá sobreviver ao corpo, então, tudo o que você faz não pode ser muito profundo. É por isso que tudo o que você faz não pode satisfazê-lo. Se a morte é o fim e nada sobrevive, a vida não pode ter sentido e significado. Essa é uma história contada por um idiota, cheia de fúria e algazarra, não significando nada.

A pessoa consciente sabe que está no corpo, mas que não é o corpo. Ela ama o corpo; o corpo é a sua residência, a sua casa, o seu lar. Ela não vai contra o corpo porque é tolo ir contra a própria casa. Ela é terrena, não materialista. Ela é muito realista, mas não materialista. Ela sabe que ao morrer nada morre. A morte vem, mas a vida continua.

◆

Ouvi dizer:

As cerimônias do sepultamento terminaram e Desmond, o dono da casa funerária, encontra-se ao lado de um ancião.

♦ A porta para a consciência ♦

— Um dos parentes? — pergunta o agente funerário.
— Sim, sou — responde o idoso.
— Quantos anos você tem?
— 94.
— Humm... — resmunga Desmond. — Acho que nem compensa voltar para casa.

♦

A ideia toda gira em torno da vida corporal: se você tem 94 anos, acabou! Então, nem compensa voltar para casa, é melhor morrer. Qual é o sentido de voltar para casa? Você vai precisar voltar aqui mesmo. Nem compensa... se a morte é a única realidade, então, se você tem 94, ou 24 anos, que diferença faz? A diferença é de apenas alguns anos. Assim, o jovem começa a se sentir velho e a criança começa a se sentir já morta. Quando você entende que esse corpo é a única vida, então, qual é o sentido de tudo? Por que carregá-lo?

Camus escreveu que o único problema metafísico básico do ser humano é o suicídio. Eu concordo com ele. Se o corpo é a única realidade e não há nada dentro de você que esteja além do corpo, é claro que é a coisa mais importante sobre a qual considerar, refletir e meditar. Por que não cometer suicídio? Por que esperar até os 94 anos? Por que sofrer todos os tipos de problemas e infortúnios no caminho? Se você vai morrer, por que não morrer hoje? Por que se levantar de novo amanhã de manhã? Parece inútil.

Assim, por um lado, o homem moderno vive constantemente correndo de um lado para outro, para de algum modo aproveitar a vida, de algum modo não perder nada do que possa ser vivido. Ele corre ao redor do mundo, de uma cidade para outra, de um país para outro, de um hotel para outro. Ele corre de um guru para outro, de uma igreja para outra em uma busca, porque a morte está chegando. De um lado, uma perseguição constante e louca e, de outro lado, uma apreensão profunda de que tudo é inútil, porque a morte acabará com tudo. Se você viveu uma vida rica ou viveu uma vida pobre, tenha sido inteligente ou ininteligente, se foi um grande amante ou um frustrado, que diferença faz? Finalmente, a morte vem e iguala a todos: os sábios e os tolos, os puros e os pecadores, as pessoas iluminadas e as pessoas idiotas, todos descem à terra e desaparecem. Qual é o sentido de tudo? Seja um Buda, um Jesus ou um Judas; que diferença faz? Jesus morre na cruz, Judas comete suicídio no dia seguinte — ambos desaparecem na terra.

Por um lado, existe o medo de que você possa se dar mal e outros possam se dar bem, e, por outro lado, uma profunda apreensão de que mesmo que você se dê bem, isso não leva a nada. Mesmo que você chegue lá, não chegou a lugar algum, porque a morte vem e destrói tudo.

O homem consciente vive no corpo, ama seu corpo, reverencia-o, mas não é esse corpo. Ele sabe que existe algo dentro dele que irá sobreviver a todas as mortes. Ele sabe que existe algo dentro dele que é eterno e o tempo não poderá destruir. Isso ele passou a sentir por meio da meditação, do amor, da oração. Isso ele veio a sentir dentro de seu próprio ser. Ele não tem medo. Ele não tem medo da morte porque sabe o que é a vida. Não está em busca da felicidade porque sabe que Deus está lhe enviando milhões de oportunidades, ele só precisa permitir.

Você não vê que as árvores estão enraizadas no chão? Elas não podem ir a lugar algum e ainda assim são felizes. Não podem perseguir a felicidade, com certeza, não podem ir em busca da felicidade. Estão enraizadas no chão, não podem se mover, mas você não consegue ver a felicidade? Você não consegue ver a alegria quando está chovendo, o seu grande contentamento quando o vento passa por elas? Não consegue sentir sua dança?... Elas estão enraizadas, não vão a lugar algum. Ainda assim, a vida vem até elas.

Tudo vem, você só cria a capacidade; tudo vem, você só permite. A vida está pronta para acontecer a você. Você cria tantas barreiras, e a maior barreira que pode criar é ir em busca.

Por causa da sua busca e da sua pressa, sempre que a vida vem e bate à sua porta, nunca o encontra. Você está sempre em outro lugar. Você continua a perseguir a vida e a vida continua a persegui-lo, e o encontro nunca acontece.

Exista... simplesmente exista e espere, e seja paciente.

A HARMONIA ENTRE CORPO, MENTE E ALMA

Seu corpo é energia, sua mente é energia, sua alma é energia. Então, qual é a diferença entre esses três? A diferença é apenas de um ritmo diferente, diferentes comprimentos de onda, isso é tudo. O corpo é grosseiro — a energia funciona de um modo grosseiro, de forma visível.

A mente é um pouco mais sutil, mas ainda não muito sutil, porque você pode fechar os olhos e ver os pensamentos em movimento; eles podem ser vistos. Eles não são tão visíveis quanto o seu corpo; seu corpo é visível para todos os outros, é publicamente visível. Seus pensamentos são visíveis em particular. Ninguém mais pode ver seus pensamentos, só você pode vê-los, ou pessoas que se especializaram em ver pensamentos.

Mas, normalmente, eles não são visíveis aos outros.

E a terceira, a camada final dentro de você é a consciência. Ela não é nem mesmo visível para você. Não pode ser reduzida a um objeto, permanece sujeito.

Se todas essas três energias funcionarem em harmonia, você é saudável e inteiro. Se essas energias não funcionarem em harmonia e em acordo, você fica doente, não é saudável, não está mais inteiro. E, ser inteiro, é ser são.

Meu esforço é ajudá-lo para que seu corpo, sua mente e sua consciência possam todos dançar em um ritmo, em uma união, em uma harmonia profunda, não em conflito, mas em cooperação....

A consciência é energia, a energia mais pura; a mente não é tão pura, o corpo, ainda é menos puro. O corpo é muito misturado e a mente também não é totalmente pura. A consciência é energia pura total. Mas você só pode conhecer a consciência se fizer um cosmos das três e não um caos. As pessoas estão vivendo no caos: seu corpo diz uma coisa, quer ir em uma direção, e sua mente é completamente inconsciente dele, porque durante séculos lhe ensinaram que você não é o corpo, durante séculos lhe disseram que o corpo é seu inimigo, que você precisa lutar contra isso, que precisa destruí-lo, que o corpo é pecado.

Por causa de todas essas ideias, por mais bobas e estúpidas que sejam, por mais prejudiciais e venenosas que sejam, lhe foram ensinadas por tanto tempo que se tornaram parte de sua mente coletiva, estão presentes, e por isso você não experimenta seu corpo em uma dança rítmica consigo mesmo.

Daí a minha insistência na dança e na música, porque é só na dança que conseguirá sentir que seu corpo, sua mente e você mesmo estão funcionando juntos. A alegria é infinita quando todos esses níveis funcionam juntos, é extremamente divertido.

♦ O equilíbrio entre corpo e mente ♦

A consciência é a forma mais superior de energia. E quando todas essas três energias funcionam juntas, acontece a quarta. A quarta está sempre presente quando as três funcionam juntas. Quando essas três funcionam em uma unidade orgânica a quarta está sempre presente; a quarta não é senão essa unidade orgânica.

No Oriente, chamamos essa quarta, simplesmente, "a quarta" — *turiya*; não lhe demos nenhum nome. As três têm nomes, a quarta é sem nome. Conhecê-la é conhecer Deus. Digamos assim: Deus é quando você é uma unidade orgástica orgânica. Deus não é quando você é um caos, uma desunião, um conflito. Quando você é uma casa dividida contra si, não existe Deus.

Quando você está tremendamente feliz consigo mesmo, feliz como você é, contente como você é, grato como você é, e todas as suas energias estão dançando juntas, quando você é uma orquestra de todas as suas energias, Deus existe. Esse sentimento de total unidade é o que Deus é. Não é uma pessoa em algum lugar, Ele é a experiência das três entrando em tal unidade, que faz surgir a quarta. E a quarta é mais do que a soma total das peças.

Se você dissecar uma pintura, encontrará a tela e as cores, mas a pintura não é simplesmente a soma total da tela e das cores; é algo mais. Esse "algo mais" é expresso através da pintura, da cor, da tela, do artista, esse "algo mais" é a beleza. Disseque uma rosa e você encontrará todos os elementos químicos e outras coisas de que ela é constituída, mas a beleza desaparecerá. Ela não era apenas a soma total das peças, era mais.

O todo é mais do que a soma total das partes; ele se expressa através das partes, ele é mais. Entender o que é esse mais é entender Deus. Deus é esse mais, esse excedente. Não se trata de teologia, isso não pode ser definido pela argumentação lógica. Você precisa sentir a beleza, precisa sentir a música, precisa sentir a dança. E, finalmente, precisa sentir a dança em seu corpo, em sua mente, em sua alma. Você precisa aprender a tocar com essas três energias para que elas se tornem uma orquestra. Deus existe, não que você veja Deus, não há nada para ser visto; Deus é o supremo vidente, é o testemunho. Aprenda a fundir seu corpo, sua mente, sua alma; descubra de que maneiras pode funcionar como uma unidade.

Isso acontece muitas vezes entre os corredores... Você não pensaria na corrida como uma meditação, mas os corredores às vezes sentem uma tremenda experiência de meditação. Eles ficam surpresos, porque não estavam procurando aquilo — quem pensa que um corredor vai vivenciar Deus? — mas acontece, e, agora, correr está se tornando cada vez mais um novo tipo de meditação. Pode acontecer durante a corrida. Se você já foi um corredor, se gostava de correr no início da manhã quando o ar é fresco e revigorante, e o mundo inteiro estava regressando do sono, despertando, e você estava correndo e seu corpo funcionava lindamente, e o ar fresco e o novo mundo nascido novamente da escuridão da noite, e tudo cantando ao redor, e você estava tão vivo... Chega um momento em que o corredor desaparece, só existe a corrida. O corpo, a mente e a alma começam a funcionar em conjunto; de repente, libera-se um orgasmo interior.

Os corredores às vezes chegam acidentalmente a vivenciar a quarta, a *turiya*, embora eles não percebam, porque vão pensar que só tiveram aquela experiência por causa da corrida; que estava um lindo dia, que o corpo estava saudável e o mundo estava lindo, e foi apenas um certo estado de humor. Eles se dão conta. Mas, se, se dessem conta do que acontece... Pela minha própria observação é mais fácil um corredor aproximar-se da meditação do que qualquer outra pessoa. Caminhar pode ser imensamente útil, a natação pode ser imensamente útil. Todas essas atividades deveriam ser transformadas em meditações. Abandone as antigas ideias sobre a meditação, de que só ficar sentado debaixo de uma árvore, com uma postura de ioga, será meditação. Essa é apenas uma das maneiras, e pode ser adequada para algumas pessoas, mas não é adequada para todos. Para uma criança pequena não é meditação, é tortura. Para um jovem dinâmico, vibrante, isso é repressão, não é meditação. Talvez para uma pessoa velha, que tenha vivido, cujas energias estão em declínio, possa ser meditação.

As pessoas diferem, existem muitos tipos de pessoas. Para alguém que tem um nível baixo de energia, sentar-se debaixo de uma árvore em uma postura de ioga pode ser a melhor meditação porque a postura de ioga é a que gasta menos energia, gasta o mínimo. Quando a coluna está ereta, fazendo um ângulo de 90º com a terra, seu corpo gasta o mínimo de energia possível. Se você está inclinado para a esquerda ou para a frente seu corpo gasta mais energia, porque a gravitação começa a empurrar você para baixo e você precisa se sustentar, precisa se segurar para não cair. Isso é um gasto de energia. Verificou-se que a coluna ereta precisa do mínimo gasto de energia.

Sentar-se com as mãos unidas no colo também é muito útil para pessoas de baixa energia, porque quando ambas as mãos estão se tocando, a eletricidade do seu corpo começa a se mover em um círculo. Não sai do corpo, torna-se um círculo interno, a energia circula dentro de você.

Você deve saber que a energia é sempre liberada através dos dedos, a energia nunca é liberada de coisas arredondadas. Por exemplo, sua cabeça não pode liberar energia, ela a contém. A energia é liberada através dos dedos, dos dedos dos pés e das mãos. Em uma certa postura de ioga, os pés estão juntos, então um pé libera energia que entra no outro pé; uma mão libera energia que entra pelo outro lado. Você continua recebendo a sua própria energia, se torna um círculo interno de energia. É muito repousante, é muito relaxante.

A postura de ioga é a postura mais relaxada possível. É mais relaxante do que dormir, mesmo porque, quando você está dormindo, seu corpo inteiro está sendo pressionado pela gravitação. Quando você está na horizontal é relaxante de uma maneira totalmente diferente. É relaxante porque o leva de volta aos tempos antigos, quando o ser humano era um animal, horizontal. É relaxante porque é regressivo, ajuda você a se tornar um animal novamente.

É por isso que, quando está deitado, você não consegue pensar com clareza, fica difícil pensar. Experimente, você pode sonhar com facilidade, mas não pode pensar com facilidade; para pensar você precisa se sentar. Quanto mais ereto você se sentar, melhor será a possibilidade de pensar. Pensar é algo que chegou tarde; quando o ser humano se tornou vertical, o pensamento chegou. Quando o ser humano era horizontal, o sonho existia, mas o pensamento não. Quando você se deita, começa a sonhar o pensamento desaparece. É um tipo de relaxamento, porque o pensamento para, você regride.

A postura de ioga é uma boa meditação para aqueles que têm pouca energia, para aqueles que estão doentes, para aqueles que são velhos, para aqueles que viveram toda a vida e agora estão cada vez mais próximos da morte.

Milhares de monges budistas morreram sentados na postura de lótus, que é a melhor maneira de receber a morte, porque nessa postura você está totalmente alerta, as energias desaparecem, elas se tornam cada vez mais fracas a cada momento. A morte está vindo. Na postura de lótus, você pode manter o estado de alerta até o fim. Estar alerta enquanto estiver morrendo é uma das maiores experiências, o supremo orgasmo.

E se estiver acordado enquanto morre, você terá um tipo de nascimento totalmente diferente: você nascerá acordado. Quem morre acordado nasce acordado. A pessoa que morre inconsciente nasce inconsciente. Quem morre com consciência pode escolher o útero certo para si, tem uma escolha, fez por merecer. Quem morre inconscientemente não tem o direito de escolher o útero, ele ocorre inconscientemente, acidentalmente.

A pessoa que morre perfeitamente alerta nesta vida virá apenas mais uma vez, porque da próxima vez não haverá necessidade de vir. Fica restando só um pouco mais de trabalho a fazer: a outra vida fará esse trabalho. Para alguém que morre consciente, só uma coisa é deixada: ele não teve tempo de irradiar sua consciência em compaixão. Da próxima vez ele poderá irradiar sua consciência em compaixão. E a menos que a consciência se torne compaixão, algo permanecerá incompleto, algo permanecerá imperfeito.

Correr pode ser uma meditação, andar, dançar, nadar, qualquer atividade pode ser uma meditação. Minha definição de meditação é: sempre que seu corpo, sua mente e sua alma estão funcionando juntos, em um mesmo ritmo, isso é meditação, porque traz a quarta. E se você estiver atento a que está fazendo isso como uma meditação, não para participar das olimpíadas, mas fazendo isso como uma meditação, então é tremendamente belo...

Mas o fundamental básico é, seja qual for a meditação, precisa preencher este requisito: que o corpo, a mente e a consciência, os três funcionem em unidade. Dessa maneira, de repente, um dia chega a quarta: o testemunho. Ou, se você quiser, pode chamá-lo de Deus; chame de Deus ou nirvana ou Tao ou o que quiser.

VOCÊ NÃO É O CORPO

Se alguém se sente identificado com o corpo, está sempre com pressa, daí a pressa ocidental, daí a obsessão ocidental pela velocidade.

Basicamente, isso é identificação com o corpo. A vida segue depressa, escapa das suas mãos — faça algo e faça instantaneamente, e tenha pressa, caso contrário, você vai se dar mal. Encontre melhores meios para fazê-lo, meios mais rápidos para fazê-lo. A velocidade tornou-se uma mania. Como chegar a algum lugar com a maior velocidade; essa se tornou a única preocupação. Por que você quer chegar lá não é da conta de ninguém. Por que, em primeiro lugar, você quer ir lá? Essa não é a questão, mas você deve chegar rápido. E, no momento em que chegar, você começa a pensar em chegar a outro lugar.

A mente permanece em um constante estado febril. Isso acontece basicamente porque nos identificamos com a periferia, porque o corpo vai morrer, por isso, a morte nos assombra. No Ocidente, a morte ainda é um tabu. Um tabu foi quebrado, o tabu sobre sexo, mas o segundo tabu, que é mais profundo do que o primeiro, ainda existe. Precisará de algum Freud novamente para quebrar esse tabu. As pessoas não falam sobre a morte ou, mesmo se o fizerem, falam eufemisticamente, que o ser humano foi para Deus, para o céu, foi para o descanso eterno. Mas, se o ser humano apenas viveu no corpo, ele não foi a lugar nenhum. Ele está morto, simplesmente morto, poeira em pó. Aquele que entrou em outro corpo nunca esteve aqui neste corpo, porque nunca se deu conta disso; o ser humano permaneceu completamente inconsciente disso.

O outro caminho é tornar-se alerta sobre sua consciência interior. O corpo é pesado, muito proeminente, aparente, visível, sensível ao toque, tangível. A consciência não é visível, nem está tanto na superfície. É preciso procurá-la, é preciso ir fundo. É preciso esforço, é preciso um compromisso constante para explorar o próprio ser. É uma jornada, mas, depois que você começa a sentir-se como consciência, você passa a habitar um mundo totalmente diferente.

Não há pressa, porque a consciência é eterna, e não há preocupação, porque a consciência não conhece nenhuma doença, nem a morte, nem a derrota. Não há necessidade de procurar qualquer outra coisa. O corpo não tem tudo, por isso cria desejos sobre desejos; o corpo é um mendigo. Mas a consciência é um imperador, possui todo o mundo, é o senhor.

Depois de conhecer o rosto do seu ser interior, você fica relaxado. A vida não é mais um desejo, mas uma celebração. Assim, tudo já está dado: as estrelas e a lua, o sol e as montanhas, os rios e as pessoas, tudo é dado. Você deve começar a vivê-lo.

Isso deve se tornar sua exploração. É assim que a vida é: uma exploração na consciência. Ela está presente, mas é um tesouro escondido. E, naturalmente, quando você tem um tesouro, você o mantém escondido no fundo para que ninguém possa roubá-lo. Deus colocou a consciência no núcleo mais profundo do seu ser. O corpo é apenas o pórtico, não é a câmara mais íntima. Mas muitas pessoas simplesmente vivem no pórtico e acham que isso é a vida; nunca entram na casa de seu ser.

Deixe a vida tornar-se uma viagem para si mesmo. Use o corpo, ame o corpo, ele é um mecanismo bonito, uma dádiva preciosa, magníficos são os seus mistérios, mas não se identifique com ele. O corpo é como o avião e você, o piloto. O avião é bonito e muito útil, mas o piloto não é o avião e deve se lembrar de que ele é distinto, distante, indiferente, afastado, está muito longe. Ele é o senhor do veículo.

Use o corpo como um veículo, mas deixe que a consciência ocupe o trono.

DE BUSCADOR DE OBJETIVOS A CELEBRADOR

O relaxamento é um estado de coisas em que sua energia não está se movendo para lugar algum, nem para o futuro, nem para o passado, está simplesmente presente em você. No lago silencioso de sua própria energia, no seu calor, você está envolvido. Esse momento é tudo. Não existe outro momento. O tempo para, então, existe relaxamento. Se houver tempo, não existe relaxamento. Simplesmente, o relógio para; não existe tempo. Esse momento é tudo. Você não pede nada mais, simplesmente aproveita. As coisas comuns podem ser apreciadas porque são lindas. Na verdade, nada é comum — se Deus existe, então tudo é extraordinário. Apenas coisas pequenas... Caminhar no gramado quando as gotas do orvalho ainda não se evaporaram, e apenas sentir-se totalmente lá, a textura, o toque do gramado, a frieza das gotas do orvalho, o vento da manhã, o sol nascendo. O que mais você precisa para ser feliz? Quanto mais é possível ser feliz? Apenas deitado à noite, no colchão reconfortante da sua cama, sentindo a textura, sentindo que o colchão está ficando cada vez mais quente, e você está envolto na escuridão, o silêncio da noite... Com os olhos fechados, você simplesmente sente a si mesmo. De que mais você precisa? Isso já é demais — surge uma profunda gratidão: isso é relaxamento.

Relaxamento significa que esse momento é mais do que suficiente, mais do que pode ser pedido e desejado. Não há nada para perguntar, você tem mais do que o suficiente, do que poderia desejar — então a energia não circula para lugar nenhum. Torna-se um lago plácido. Em sua própria energia, você se dissolve. Esse momento é relaxamento. O relaxamento não é do corpo nem da mente, o relaxamento é total. É por isso que os budas continuam dizendo: "Elimine todos os seus desejos", porque eles sabem que, se houver desejo, você não poderá relaxar. Eles dizem: "Enterre os mortos", porque se você está muito preocupado com o passado, não pode relaxar. Eles dizem: "Curta este exato momento".

Jesus disse: "Olhai os lírios. Observai como crescem os lírios do campo. Eles não trabalham nem tecem. Eu, contudo, vos asseguro que nem Salomão, em todo o esplendor de sua glória, vestiu-se como um deles. Olhai, observai os lírios!"

O que ele quis dizer? Ele quis dizer: "Relaxe! Você não precisa trabalhar para isso", na verdade, tudo lhe é dado. Jesus disse: "Observai as aves do céu: não semeiam nem colhem nem armazenam em celeiros; contudo, o Pai celestial as alimenta. Não tendes vós muito mais valor do que elas?" Isso é relaxamento. Por que você está muito preocupado com o futuro? Considere os lírios, veja os lírios e se torne como eles — e então relaxe. O relaxamento não é uma postura; o relaxamento é uma transformação total da sua energia.

A energia pode ter duas dimensões. Você está motivado, indo em algum lugar, a um objetivo em algum lugar; esse momento é apenas um meio e o objetivo é outro lugar a ser alcançado. Essa é uma dimensão da sua energia, essa é a dimensão da atividade, orientada para objetivos. Tudo é um meio, de algum modo precisa ser feito e você deve chegar ao objetivo, daí vai relaxar. Mas, para esse tipo de energia, o objetivo nunca é alcançado, porque esse tipo de energia continua mudando a cada momento no presente de um meio, para outra coisa no futuro. O objetivo permanece sempre no horizonte. Você continua correndo, mas a distância continua a ser a mesma.

◆ A porta para a consciência ◆

Existe outra dimensão da energia: essa dimensão é uma celebração desmotivada. O objetivo está aqui, agora; o objetivo não está em outro lugar. Na verdade, você é o objetivo. Na verdade, não existe outra satisfação além desse momento, pense nos lírios. Quando você é o objetivo e quando o objetivo não está no futuro, quando não existe nada a ser alcançado, ao contrário, você só precisa comemorá-lo, você já conseguiu, ele está lá. Isso é relaxamento, energia não motivada.

Portanto, para mim, existem dois tipos de pessoas: os buscadores de objetivos e os celebradores. Os buscadores de objetivos são os loucos; eles vão se tornando, pouco a pouco, loucos, e criam sua própria loucura. E a loucura tem seu próprio impulso: pouco a pouco, eles mergulham mais fundo nela, depois, estão totalmente perdidos. O outro tipo de pessoa não é um buscador de objetivos, não é um buscador de nada, é um celebrador.

E isso é o que ensino a você: seja o celebrador, comemore! Já existem coisas demais: as flores desabrocharam, os pássaros estão cantando, o sol está lá no céu — comemore! Você está respirando, está vivo e tem consciência — comemore! De repente você relaxa, então não existe tensão, então não existe angústia. Toda energia que antes se tornava angústia agora torna-se gratidão; todo o seu coração bate em um ritmo de profunda gratidão — que é oração. É isso tudo de que trata a oração: um coração batendo em profunda gratidão.

Não há necessidade de fazer nada a respeito. Basta entender o movimento da energia, o movimento desmotivado da energia. Ela flui, mas não para um objetivo, flui como uma celebração. Ela se move, não em direção a um objetivo, ela se move por causa de sua própria energia transbordante.

Uma criança está dançando, pulando e correndo; pergunte-lhe: "Aonde você está indo?" Ela não vai a lugar algum, você vai parecer um tolo para ela. As crianças sempre pensam que os adultos são tolos. Que pergunta sem sentido, "Aonde você está indo?" Existe alguma necessidade de ir a algum lugar? A criança simplesmente não sabe responder à sua pergunta, porque é irrelevante. Ela não vai a lugar algum. Ela simplesmente encolherá os ombros. Ela dirá: "A lugar nenhum". A mente buscadora de objetivos pergunta: "Então, por que você está correndo?" — porque, para nós, uma atividade é relevante apenas quando leva a algum lugar.

◆ O equilíbrio entre corpo e mente ◆

E eu lhe digo, não há para onde ir: está tudo aqui. Toda a existência culmina neste momento, converge para este momento. Toda a existência já está se descarregando neste momento; tudo o que existe se descarrega neste momento, está aqui, agora. Uma criança está simplesmente curtindo a energia. Ela tem energia demais. Ela está correndo não porque tenha de chegar a algum lugar, mas porque tem muita energia; precisa correr.

Ação não motivada, apenas um excesso de energia. Compartilhe, mas não comercie, não faça barganhas. Dê porque você tem, não dê para retomar, porque então você acabará sofrendo. Todos os comerciantes vão para o inferno. Se quiser encontrar os melhores comerciantes e negociadores, vá para o inferno, lá vai encontrá-los. O céu não é para comerciantes. O céu é para celebradores.

O que é para ser praticado então? Ser cada vez mais à vontade. Estar cada vez mais aqui e agora. Entrar cada vez mais em ação e cada vez menos em atividade. Ser cada vez mais oco, vazio, passivo. Ser cada vez mais um observador, indiferente, sem esperar nada, não desejando nada. Ser feliz consigo mesmo como você é. Celebrar.

LEMBRE-SE DO HÓSPEDE

O ser está no corpo, mas não é o corpo. O corpo é bonito, precisa ser amado e respeitado, mas não deve se esquecer que não é ele, você é quem ocupa o corpo. O corpo é um templo: é um anfitrião, mas você não faz parte dele. O corpo é uma contribuição da terra; você vem do céu.

Em você, como em todo ser encarnado, a terra e o céu se encontram: é um caso de amor da terra e do céu. No momento em que você morre, nada morre; isso parece que acontece para os outros de fora. O corpo cai de volta à terra para descansar um pouco e a alma vai para o céu para descansar um pouco. Uma vez após outra, o encontro se repetirá, em milhões de formas, o jogo continuará. É uma ocorrência eterna.

Mas alguém pode ficar muito identificado com o corpo; isso traz infelicidade. Se alguém começar a sentir "Eu sou o corpo", a vida se tornará muito pesada. Então, pequenas coisas perturbam, pequenas dores são demais: basta uma dorzinha e a pessoa fica perturbada e desorientada.

◆ A porta para a consciência ◆

É necessária uma pequena distância entre você e seu corpo. Essa distância é criada por você estar ciente do fato de que: "Eu não sou o corpo, não posso ser o corpo. Tenho consciência disso, portanto, o corpo é um objeto da minha consciência, e tudo o que é um objeto da minha consciência não pode ser a minha consciência. A consciência está assistindo, testemunhando, e tudo o que é testemunhado está separado".

À medida que essa experiência se aprofunda em você, as tristezas, os sofrimentos e as infelicidades começam a desaparecer e a se evaporar. Então, dor e prazer tornam-se praticamente iguais, sucesso e fracasso são a mesma coisa, e vida e morte não são diferentes. Não há escolha, a pessoa vive em uma serena aceitação. Nessa serena aceitação, advém Deus. Essa tem sido a busca de todas as religiões, essa serena aceitação. Na Índia, chamamos de *samadhi*, no Japão, eles chamam de *satori*; os místicos cristãos o chamaram de êxtase.

A palavra "êxtase" é muito importante; significa "se destacar". Estar fora de seu próprio corpo, saber que você está isolado, isso é o que significa o êxtase. E no momento em que você volta a fazer parte do paraíso perdido, o paraíso é recuperado.

7

Lembrando-se da linguagem esquecida para falar com seu corpo e sua mente — *Uma terapia meditativa de OSHO*

AS PESSOAS PRECISAM APRENDER A SE RECONCILIAR COM O PRÓPRIO CORPO

Esta meditação orientada é um processo de lembrança de um idioma que a maioria de nós esqueceu. É o idioma que permite a comunicação com o seu próprio corpo. Comunicar-se com o corpo, falar com ele, ouvir suas mensagens sempre foi uma prática bem conhecida no antigo Tibete.

A ciência médica moderna só agora começa a reconhecer o que os sábios e os místicos sempre souberam: que a mente e o corpo não são entidades isoladas, mas estão profundamente relacionadas. A mente pode influenciar a condição do corpo, assim como a condição do corpo pode afetar a mente.

◆

Osho desenvolveu muitas técnicas de meditação especialmente para homens e mulheres do mundo atual.

♦ Lembrando-se da linguagem esquecida... ♦

Esta meditação é orientada para falar com a mente e o corpo e foi desenvolvida com sua orientação. Ele disse:

Depois que você começa a se comunicar com seu corpo, *as coisas se tornam muito fáceis. O corpo não precisa ser forçado, ele pode ser persuadido. Não é preciso lutar contra o corpo; além de inconveniente, isso é violento, agressivo, e qualquer tipo de conflito vai criar cada vez mais tensão. Você não precisa viver em conflito — faça com que ficar à vontade seja a regra. E o corpo é um presente tão lindo de Deus, que lutar contra ele, é negar o próprio Deus. O corpo é um santuário... estamos consagrados nele; o corpo é um templo. Nós existimos nele e devemos cuidar dele — ele é nossa responsabilidade.*

Portanto, durante sete dias... Vai parecer um pouco absurdo no começo, porque nunca nos ensinaram a falar com o nosso próprio corpo — e isso pode fazer acontecer verdadeiros milagres. Eles já estão acontecendo sem que tenhamos nos dado conta. Quando estou falando alguma coisa para você, minha mão acompanha com um gesto. Estou falando com você — é a minha mente que está se comunicando com você. Meu corpo a está acompanhando. O corpo está em harmonia com a mente.

Quando você quer levantar a mão, não precisa fazer nada — simplesmente levanta. Basta ter a simples ideia de que deseja levantar a mão e o corpo acompanha; é um milagre. Realmente, a biologia ou a fisiologia ainda não conseguiram explicar como isso acontece. Porque uma ideia é uma ideia; você querer levantar a mão — é uma ideia. Como essa ideia se transforma em uma mensagem física para a mão? E isso não demora nada — em uma fração de segundo; às vezes, sem intervalo de tempo.

Por exemplo, estou falando com você e minha mão colabora acompanhando; não existe um intervalo de tempo. É como se o corpo funcionasse em paralelo com a mente. O corpo é muito sensível — assim que aprendemos a falar com ele, podemos fazer muitas coisas. OSHO

COMO UTILIZAR A MEDITAÇÃO DO HOTSITE

Esta meditação é sobre reconciliar-se consigo mesmo, com seu corpo e, também, com sua mente. Você vai tomar consciência de como a sua mente, os seus pensamentos e os seus sentimentos se expressam através do corpo. Dor, doenças, vícios (por exemplo, comer demais, álcool, açúcar etc.) serão tratados e podem ser curados.

Este processo é uma chance de mobilizar suas energias de autocura, e de relaxar profundamente.

A meditação tem três partes:

PRIMEIRA PARTE
Você fala com partes específicas do seu corpo e com todo o corpo. É uma boa ideia falar em voz alta, pois isso o ajudará a manter-se alerta e consciente.

SEGUNDA PARTE
Você se comunica com o seu subconsciente sobre um problema que possa ter com o seu corpo, seja uma questão de estar doente, ter excesso de peso, estar com dor etc., seja simplesmente exprimir o desejo de sentir-se mais vivo e saudável.

Em um estado de relaxamento profundo, você se conecta com a parte de seu subconsciente que é responsável pela condição do seu corpo, tratando-o com respeito e simpatia. Por exemplo, se o problema for em relação ao seu peso, a parte do subconsciente responsável por isso é um servo muito dedicado a você, e também um tutor. Ao deixar você com excesso de peso, esse guardião tentou ajudá-lo e protegê-lo. Em um estado de transe profundo o guardião pode criar novas maneiras de cumprir sua intenção positiva, enquanto permite que seu corpo recupere a condição natural e saudável. Dessa forma, você chega a um novo entendimento sobre o mecanismo corpo-mente e sua capacidade de curar-se.

TERCEIRA PARTE
Um transe de cura, aprofundando a compreensão de que seu corpo, sua mente e sua alma são uma coisa só.

Antes de começar a usar a técnica, porém, observe alguns aspectos importantes:

♦ Lembrando-se da linguagem esquecida... ♦

Primeiro: É importante lembrar que **a dor e outros sintomas recorrentes de desconforto físico podem ser uma indicação de doença grave.** Essa técnica é oferecida com o pressuposto de que você consultou seu médico para determinar se esse é ou não o caso.

Segundo: Osho disse que **essa técnica de falar com a mente e o corpo pode ser usada para qualquer coisa que o corpo já possa fazer, algo que está dentro de sua capacidade.** Se você pedir ao corpo para fazer algo que seja impossível, vai destruir a confiança e a tentativa não vai funcionar. Se você não tem olhos, disse ele, como o corpo pode ser informado para ver? Mas para queixas comuns, como enxaquecas, dores no corpo e outras disfunções que estão ao alcance da capacidade do corpo para se curar por si só, esse método pode ajudar muito.

Terceiro: Não fale diretamente ao desconforto ou à doença. A doença não faz parte do organismo, é algo externo, na realidade, é algo *contra* o organismo. Você deve falar com o cérebro/corpo, não com o desconforto em si. E depois que ele se foi, agradeça ao cérebro e ao corpo por ajudar na eliminação do desconforto. Basicamente, estamos conversando com o cérebro, e o cérebro fala com o corpo, porém, não conhecemos a linguagem. Sabemos que, se dizemos para o braço se levantar, podemos levantar, ele segue as instruções da mente; no entanto, com relação ao funcionamento interno do corpo/mente, não sabemos exatamente qual é a instrução certa para que o corpo a siga. Osho disse: "Esta é a verdadeira trindade: a alma, a mente e o corpo. A alma não pode fazer nada diretamente; é ela que pede para a dor desaparecer. O cérebro precisa falar com o corpo".

♦

Osho deu as seguintes sugestões às pessoas que experimentam a meditação, as quais também podem ser úteis para você:

Perda de peso: Inicialmente, fale ao cérebro que você está enviando uma mensagem para o corpo e que o cérebro deve transmiti-la. Depois, simplesmente diga ao corpo que cinco quilos a menos será o ideal, e que você vai digerir normalmente. Não envolva a ingestão de alimentos. Apenas diga ao corpo que será necessário perder alguns quilos. E quando atingir seu objetivo, diga ao corpo para permanecer assim, que não há necessidade de perder mais peso ou ganhar mais peso.

Enxaqueca: Fale com o corpo de duas maneiras. Primeiro, fale com todo o corpo dizendo que precisa de ajuda para eliminar essa dor no cérebro. Explique ao corpo que a dor não é natural. Não há necessidade de suportar essa dor. Depois, fale com o cérebro diretamente, em suas próprias palavras, dizendo: "Eu amo você, mas essa dor não é parte de sua natureza e é hora de se livrar dela". Depois que essa dor desaparecer, simplesmente lembre o cérebro para não repeti-la.

PREPARANDO-SE PARA A MEDITAÇÃO

Tornar-se o seu melhor amigo é o aprendizado mais profundo desta meditação de cura.

Portanto, antes de começar a meditação, tome as providências necessárias para que nada perturbe o seu sossego durante a próxima hora, o que lhe permitirá relaxar profundamente neste processo.

Tenha um cobertor ao lado, para usá-lo caso precise se aquecer em algum momento.

Durante alguns minutos pense no problema ou sintoma do corpo que gostaria de tratar nesta sessão. Em seguida, coloque-se em uma posição totalmente confortável, não importa qual, desde que lhe seja favorável, e então toque as músicas sugeridas no *hotsite*. Não precisa fazer mais nada depois disso.

O livro completo da meditação — OSHO

Neste livro você encontrará uma grande variedade de meditações ativas para lhe dar a oportunidade de realmente relaxar e liberar a tensão. Você notará que Osho inclui diversas práticas baseadas no corpo ou relativas aos movimentos corporais, muitas vezes incorporando até a dança. Osho mostra que, em vez de lutar contra sua mente, vale começar pelo seu corpo. Quando o corpo muda, a mente também mudará, ensina o autor. Depois, sente-se em silêncio e perceba a diferença.

© Osho International Foundation

Sobre OSHO

OSHO dispensa categorizações. Suas milhares de palestras falam sobre tudo, desde questões individuais às maiores e mais urgentes questões sociais e políticas enfrentadas pela sociedade atualmente. Os livros de OSHO não foram escritos, mas transcritos de áudios e vídeos gravados de suas palestras extemporâneas para audiências internacionais. Como ele próprio dizia: "Lembre-se, o que quer que eu diga, não é apenas para você... Estou falando com as futuras gerações também". OSHO foi descrito pelo *Sunny Times* em Londres como um dos "1.000 maiores influenciadores do século XX" e pelo autor americano Tom Robbins como "o homem mais perigoso desde Jesus Cristo". O *Sunday Mid-Day* (Índia) selecionou OSHO como uma das dez pessoas – logo depois de Gandhi, Nehru e Buda – que mudaram o destino da Índia. Sobre o seu próprio trabalho, OSHO dizia que ele estava ajudando a criar as condições para o nascimento de um novo tipo de ser humano. Ele costumava caracterizar o novo humano como "Zorba, o Buda"– capaz de aproveitar os prazeres terrestres de Zorba, o grego, e o sereno silêncio de um Gautama Buda. Ao observar todos os aspectos das palestras e meditações de OSHO tem-se uma visão que abarca a sabedoria atemporal de todas as eras passadas e o ápice do potencial da ciência e tecnologia atual e futura. OSHO é conhecido por sua revolucionária contribuição para a ciência da transformação interior, com uma abordagem de meditação que reconhece o ritmo acelerado da vida contemporânea. Sua fórmula única de meditação é desenvolvida para liberar o estresse acumulado do corpo e da mente e tornar mais fácil a experiência de relaxamento concentrado e livre de pensamentos no dia a dia.

DUAS AUTOBIOGRAFIAS ESTÃO DISPONÍVEIS NO MERCADO MUNDIAL:

Autobiography of a Spiritually Incorrect Mystic
Glimpses of a Golden Childhood

PARA MAIS INFORMAÇÕES:

www.osho.com

OSHO

Um site de múltiplas linguagens que inclui uma revista, os livros de OSHO, as palestras em áudio e vídeo e uma biblioteca de textos de OSHO em inglês e híndi e extensas informações sobre o Resort Internacional de Meditação de OSHO.

SITES:
http://OSHO.com/AllAboutOSHO
http://OSHO.com/Resort
http://OSHO.com/Shop
http://www.youtube.com/OSHOinternational
http://www.twitter.com/OSHO
http://www.facebook.com/pages/OSHO.International

PARA CONTATAR A FUNDAÇÃO INTERNACIONAL DE OSHO:
www.osho.com/oshointernational
oshointernational@oshointernational.com

Este livro foi publicado em Fevereiro de 2020 pela Companhia Editora Nacional e impresso pela Gráfica Impress.